γ Réserve,

412.

Avec des notes Mrzy c iqueee

I0168446

Donadeu qiceutt pat pulp 2000

LES OEVVRES DE
FRANÇOYS VILLON

de Paris, reueues & remifes en
leur entier par Clement Ma-
rot valet de chambre
du Roy.

Diftique du dict Marot

Peu de Villons en bon fauoir
Trop de Villons pour deceuoir

Reck de Jacques
Uur v ct 60.
Rabelais Uur q chz

On les vend a Paris en la grant falle
du Palais, en la bouticque de
Galiot du Pre.

Y

4412

Repues Franches de Villon.
Frans- archier de Bagnolet.

Ne extra hanc Bibliothecam efferatur. Ex obedientiâ.

Monet Cpigr 1 176

Marot au Roy noſtre ſouuerain.

SI en Villon on treuue encor a dire,
S'il n'eſt reduiĉt ainſi qu'ay pretendu,
moy tout ſeul en ſoyt le blaſme (Sire)
qui plus y ay trauaillé qu'entendu.
Et ſ'il eſt mieulx en ſon ordre eſtendu
que parauant, de ſorte qu'on l'en priſe,
le gre a vous en doyt eſtre rendu,
qui fuſtes ſeul cauſe de l'entrepriſe.

A ij

A monſieur le Bailly de Paris, ou ſon lieutenant.

SVpplie humblemét Galiot du Pre libraire iure de l'uniuerſite, Qu'il vous plaiſe luy permectre faire imprimé & vendre les œuures de feu Françoys Villon, puys nagueres a la diligéce de Clemét Marot valet de chambre du Roy noſtre ſire reueues, corrigees, & reſtituees a leur vraye intelligence : & ordonner deffenſes eſtre faictes a tous qu'il apartiendra, qu'ilz n'ayent a imprimer ne vendre leſdictes œuures ſeló la coppie dudict ſuppliāt iuſques a deux ans apres enſuiuās, affin qu'il ſe puiſſe rembourſer des impenſes qu'il luy conuiendra faire pour l'impreſſion dudict liure: & vous ferez bien.

Il eſt permis auec les deffenſes ce que requiert ledict ſuppliant. Faict le xxj Septembre, mil cinq cens xxxiij.
L. Morin.

Clement Marot de Cahors, valet de chambre du Roy, aux Le= cteurs S.

Ntre tous les bons liures im= ✷ primez de la langue Françoife ne f'en veoit vng fi incorrect ne fi lourdement corrõpu, que celluy de Villon: & m'efbahy (veu q̃ c'eft le meilleur poete Parifien qui fe trouue)comment les imprimeurs de Pa ris,& les enfans de la ville,n'en ont eu plus grant foing. ie ne fuys(certes)en rien fon voyfin:mais pour l'amour de fon gentil en= tendement,& en recompenfe de ce que ie puys auoir aprins de luy en lifant fes œu= ures,i'ay faict a icelles ce que ie vouldroys eftre faict aux myennes,fi elles eftoient tõ bees en femblable inconuenient. Tant y ay trouue de broillerie en lordre des coupletz & des vers,en mefure,en langaige , en la ryme,& en la raifon,que ie ne fcay duquel

A iij

Prologue

ie doy plus auoir pitié,ou de lœuure ainſi oultremēt gaſtee,ou de l'ignorāce de ceulx qui l'imprimerent. Et pour vous en faire preuue,me ſuys aduiſe(lecteurs)de vo⁹met tre icy vng des coupletz incorrectz du mal imprime Villon,qui vous ſera exemple & teſmoing d'ung grant nombre d'autres au‑ tant broilliez & gaſtez que luy,leꝗl eſt tel·

Or eſt vray qu'apres plainctz & pleurs
Et angoiſſeux gemiſſemens
Apres triſteſſes & douleurs
Labeurs & griefz cheminemens
Trauaille mes lubres ſentemens
Aguyſez ronds,comme vne pelote
Monſtrent plus que les comments
En ſens moral de Ariſtote.

   Qui eſt celluy qui vouldroit nyer le ſens n'en eſtre grandement corrōpu? Ainſi pour vray l'ay ie trouue aux vieilles impreſſiõs, & encorez pis aux nouuelles. Or voyez maintenant comment il a eſte r'abillé , & en iugez gratieuſement.

Or eſt vray qu'apres plainctz & pleurs

Prologue

Et angoiffeux gemiffemens
Apres trifteffes & douleurs
Labeurs & griefz cheminemens
Trauail mes lubres fentemens
Aguyfa(ronds comme pelote)
Me monftrant plus que les comments
Sur le fens moral d'ariftote

Voyla cõmẽt il me femble que l'autheur l'entendoit,& vous fuffife ce petit amende-mẽt,pour vous rẽdre aduertiz de ce q̃ puys auoir amẽde en mille autres paffaiges,dõt les aucuns me ont efte ayfez, & les autres trefdifficiles : touteffoys, partie auecques les vieulx imprimez, partie auecques l'ay-de des bõs vieillards q en fauẽt par cueur, & partie par deuiner auecques iugement naturel,a efte reduict noftre Villõ en meil-leure & plus entiere forme qu'on ne la veu de noz aages , & ce fans auoir touche a l'ã-tiquite de fon parler,a fa façon de rimer,a fes meflees & longues parẽthefes,a la quã-tite de fes fillabes,ne a fes couppes,tant fe-minines que mafculines : efquelles chofes il n'a fuffifament obferue les vrayes riegles

Prologue

de françoise poeſie, & ne ſuys d'aduis que
en cela les ieunes poetes l'enſuyuent, mais
bien qu'ilz cueillent ſes ſentences comme
belles fleurs, qu'ilz côtemplent l'eſprit qu'il
auoit, que de luy apreignent a propremêt
deſcrire, & qu'ilz contrefacent ſa veine, meſ
mement celle dont il vſe en ſes Ballades,
qui eſt vrayement belle & heroique. & ne
fay doubte qu'il n'euſt emporte le chapeaü
de laurier deuāt tous les poetes de ſon têps,
ſ'il euſt eſte nourry en la court des Roys,
& des Princes, la ou les iugemens ſe amendent, & les langaiges ſe polliſſent. Quāt a
l'induſtrie des lays qu'il feit en ſes teſtamés
pour ſuffiſammêt la cognoiſtre & entêdre,
il fauldroit auoir eſte de ſon têps a Paris,
& auoir congneu les lieux, les choſes, & les
hômes dôt il parle: la memoire deſquelz
tāt plus ſe paſſera, tāt moins ſe côgnoiſtra
icelle induſtrie de ſez lays dictz. Pour ceſte
cauſe qui vouldra faire vne œuure de longue duree, ne preigne ſon ſoubgect ſur teles choſes baſſes & particulieres. Le reſte
des œuures de noſtre Villon (hors cela) eſt

Prologue.

de tel artifice,tant plain de bonne doctri‑
ne, & tellemét painct de mille belles cou
leurs,que le temps,qui tout efface, iufques
icy ne l'a fceu effacer. Et moins encor l'effa
cera ores & d'icy en auant,que les bonnes
efcriptures françoifes font & ferót myeulx
congneues & recueillies que iamais.

Et pour ce(comme i'ay dit)que ie n'ay
touche a fon antique façó de parler, ie vo⁹
ay expofe fur la marge auecques les anno
tacions,ce qui m'a femble le plus dur a en‑
tendre,laiffant le refte a voz promptes in‑
telligences,comme ly Roys,pour le Roy:
homs pour homme,compaing pour com‑
paignon: auffi force pluriers pour fingu‑
liers,& plufieurs autres incongruitez,dont
eftoit plain le langaige mal lyme d'icelluy
temps.

Apres quãt il f'eft trouue faulte de vers
entiers,i'ay prins peine de les refaire au pl⁹
pres(felon mon poffible)de l'intencion de
l'autheur:& les trouuerez expreffemét mar

Prologue

quez de ceste marque. ✝ Affin que ceulx qui les sauront en la sorte que Villon les fist, effacent les nouueaulx pour faire place aux vieulx.

Oultre plus, les termes & les vers qui estoient interposez, trouuerez reduictz en leurs places: les lignes trop courtes, alongees: les trop longues, acourfies : les motz obmys, remys: les adiouftez, oftez: & les til tres myeulx attiltrez.

Finablement, i'ay changé l'ordre du liure: & m'a semblé plus raisonnable de le faire commencer par le petit testament, d'autāt qu'il fut faict cinq ans auant l'autre.✝⊹✝⁙

Touchant le iargon , ie le laisse a corriger & exposer aux successeurs de Villon en l'art de la pinse & du croq.

Et si quelqu'un d'auenture veult dire que tout ne soit racoustre ainsi quil appartient, ie luy respōs desmaintenant, que s'il estoit

Prologue

autant naure en fa perfonne, comme l'ay trouue Villon bleffe en fes œuures, il ny a fi expert chirurgien qui le fceuft pêfer fans apparence de cicatrice : & me fuffira que le labeur qu'en ce l'ay employe, foit agrea- ble au Roy mon fouuerain, qui eft caufe & motif de cefte emprife, & de lexecu- tion dicelle, pour l'auoir veu vou- lentiers efcouter, & par tref- bon iugement eftimer plu fieurs paffages des œuures qui f'en- fuyuent.

Le petit testament de Villon, ainsi
intitulé sans le consentement de l'au-
theur, comme il dit au second liure.

Il quatre cens cinquante six |
Ie Françoys Villon escolier
Considerant de sens rassis
Le frain aux dents, franc au collier

Franc au
collier.
Trauaillant
voulêtiers,
sõe les che
uaulx q frã
chemêt ti
rêt au collier

Qu'on doit ses œuures employer
Comme Vegece le racompte
Saige Rommain, grant Conseillier
Ou autrement, il se mescompte

En ce temps que i'ay dit deuant
Sur le Noel morte saison
Lors que les loups viuent de vent
Et qu'on se tient en sa maison
Pour le frimas pres du tison
Me vint voulente de briser
La tresamoureuse prison
Qui faisoit mon cueur desbriser

Ie le feis en telle façon
Voiant celle deuant mes yeulx

Confentant a ma deffaçon *.*.*.
Sans ce que ia luy en fuſt mieulx
Dont ſay dueil & me plaings aux cieulx
En requerant d'elle vengeance
A tous les dieux venerieux
Et du grief d'amours allegeance

A celle donques qui ſay dit
(Qui ſi durement m'a chaſſé
Que ſen ſuys de Ioye interdict
Et de tout plaiſir dechaſſé
Ie laiſſe mon cueur enchaſſé
Palle, piteux, mort & tranſy
Elle m'a ce mal pourchaſſé
Mais dieu luy en face mercy

Item a maiſtre Ythier marchant
Au quel ie me ſens treſtenu
Laiſſe mon branc dacier trenchant
Ou a maiſtre Iehan le cornu
Qui eſt en gaige detenu
Pour vng eſcot ſix ſolz montant
Ie vueil ſelon le contenu
Qu'on leur liure en le racheptant

Item ie laiſſe a ſainct Amant

Le cheual blanc auec la mulle
Et a Blaru mon dyamant.
Et laſne raye qui reculle
    Et le decret qui articulle
Omnis vtriuſque ſexus
Contre la Carmeliſte Bulle
Laiſſe aux curez pour mettre ſus

Prebſtres &
decretiſtes
entendent
ces quatre
vers

    Item a Iehan Tromne bouchier
Laiſſe le Mouton franc & tendre
Et vng Tahon pour eſmoucher
Le beuf couronne qu'il veult vendre
Ou la vacche:Et qui pourra prendre
Le vilain qui la trouſſe au col
S'il ne la rend qu'on le puiſt pendre
Et eſtrangler d'un bon licol.

    Et a maiſtre Robert vallee
Pouure clergeon en parlement
Qui n'entend ne mont ne vallee
I'ordonne principalement
Qu'on luy baille ligerement
Mes brayes eſtans aux Trumelieres
Pour coyffer plus honneſtement
S'amye Iehanne de millieres

        a ij

Pource qu'il est de lieu honneste
Fault qu'il soit myeulx recompensé
Car le sainct esperit l'admonneste
Non obstant qu'il est insensé
Pource ie me suys pourpensé
Puys qu'il n'a riens, qu'en vne aumoyre
On recouure ches maupensé
Qu'on luy baille l'art de memoire.

Item plus ie assigne la vie
Du dessusdit maistre Robert

Haubert ry
mé contre
part mõstre
que Villon
estoit de pa
ris &quil p
nõcoit Hau
bart & Ro
bart.

Pour dieu ny ayez point d'enuie
(Mes parens)vendez mon haubert
Et que l'argent ,ou la pluspart
Soit employé dedans ces pasques
Pour achepter a ce poupart
Vne fenestre au pres sainct Iaques

Vne fene
stre &.c.
Vnedespeti
tes boutiqs
descriuain
pres S. Iaqs
delabouche
rie.
Hucque
Habit du
temps

Item ie laisse en beau pur don
Mes gands & ma hucque de soye
A mon amy Iacques Cardon
Le gland aussy d'une saulsoye
Et tous les iours vne grasse oye
Ou vng chappon de haulte gresse
Dix muys de vin blanc comme croye

Et deux proces, que trop n'engreſſe

Item ie laiſſe a ce ieune homme
Rene de Montigny troys chiens
Et puys a Iehan Raguyer la ſomme
De cent francs prins ſur tous mes biens
Mais quoy? Ie ny comprens en riens
Ce que Ie pourray acquerir,
On ne doit trop prendre des ſiens
Ne ſes amys trop ſurquerir

Item au ſeigneur de Grigny
Laiſſe la garde de Nygeon
Et ſix chiens plus qu'a Montigny
Viceſtre chaſtel & dongeon
Et a ce maloſtru changeon
Montonnier quil tient en proces
Laiſſe troys coups d'ung eſcourgeon
Et coucher(paix & aiſe)en Ceps.

Eſcourgeon
Fouet.
 Ceps
maniere de
priſon

Item a maiſtre Iehan Raguyer
Ie laiſſe labreuuoyr Popin
Perches, pouſſins, au blanc manger
Touſiours le choys d'ung bon lopin
Le trou de la pomme de pin

Emmaillote
dũg Iacopi
toufiours ẽ
pefche dũg
flegme, ne
pouant cra
cher

Clos & couuert, au feu la plante
Emmailloté dung Iacopin ⸫ + 46
Et qui vouldra planter, fi plante

Le gre du
feignc &c

Item a maiftre Iehan mautaint
Et a Pierre le bafannier

La faueur
du Lieute
nãt crimiel
ou ð Triftã
lhermite.

Le gre du feigneur qui attainct
Troubles forfaictz fans efpargner
Et a mon procureur Fournier

Troubles
forfaictz,
larrecins ca
chez
Chaufes fe
mellees,
Brodequins

Bonnetz courtz, chaufes femellees
Taillees ches mon cordouennier
Pour porter durant ces gelees

Eftablis,
Eftaulx.
Rubis, de
tauerne
quil auoit
au vifaige
(felon mon
fugement)
Les troys
lictz.
Vne des chã
bres de cha
ftellet.
Pour a la
foys
Pour vne
foy.

Item au cheualier du guet
Le heaulme luy eftablys
Et aux pietons qui vont daguet
Taftonnant par cez eftablis
Ie leur laiffe deux beaulx Rubis
La lanterne a la pierre au laict
Pourueu que faurray les trois lictz
Silz me meinent en chaftellet

Item au loup & a chollet
Pour a la foys laiffe vng canart
Prins fur les murs (comme on fouloit)

Enuers les foſſez ſur le tard
Et a chaſcun vng grant tabart
De cordelier iuſques aux piedz
Buſche, charbon, & poys, & lard
Et mes houſeaulx ſans auantpiedz

Tabart.
Manteau.

    Item ie laiſſe par pitie
A troys petiz enfans tous nudz
Nommez en ce preſent traictie
Affin qu'ilz en ſoient mieulx congnuʒ
Pouures orphenins impourueuz
Et deſnuez comme le vert
I'ordone qu'ilz feront pourueuz
Au mains pour paſſer ceſt yuer

Premierement Colin Laurens
Girard Goſſoyn, Iehan Marceau
Deſprins de biens & de parens
Qui n'ont vaillant l'anſe d'ung ceau
Chaſcun de mes biens vng faiſſeau
Ou quatre blancs ſ'ilz l'ayment myeulx
Ilz mangeront maint bon morceau
Les enfans quant ie ſeray vieulx

Deſprins
deſſaiſiz
deſnuez

    Item ma Nomination

Que say de Luniuersite
Laisse par resignation
Pour forclorre daduersite
Pouures clercs de ceste cite
Soubz cest intendit contenuz
Charite m'y a incite
Et nature les voyant nudz

Cest maistre Guillaume Cotin
Et maistre Thibault de Vitry
Deux pouures clercs parlans latin
Paisibles enfans sans escry
Humbles, bien chantans au lectry
Ie leur laisse (sans receuoir)
Sur la maison Guillot Gneuldry
En attendant de myeulx auoir

*Sans escry
sans bruyt
Lectry
Lectrain.
Ie leur laif-
se &c.
sentend la
susdicte no
mination.*

Item plus ie adioinctz a la crosse
Celle de la rue sainct Anthoine
Et vng billart de quoy on crosse
Et tous les iours plain pot de Seine
Aux pigeons qui sont par Essoine
Enserrez soubz trappe volliere
Mon mirouer bel & ydoine
Et la grace de la Geolliere.

*Pigeõs, pri
sonniers
Trappe vol
liere , vne
prison.
Mon mirou
er &c. quilz
se miret en
luy.*

Teſtament de Villon.

Item ie laiſſe aux hoſpitaulx
Mes chaſſis tiſſuz d'iraignee
Et aux giſans ſur ces eſtaulx
Chaſcun ſur l'oiel vne groignee
Trembler a chere reffregnee
Maigres, veluz & morfonduz
Chauſſes courtes, robbe rongnee
Gelez, meurdriz & enfonduz

Item ie laiſſe a mon barbier
La rongneure de mes cheueulx
Plainement, & ſans deſtourbier
Au ſauetier mes ſouliers vieulx
Et au frippier mes habitz tieulx
Que quant du tout ie les delaiſſe
Pour moins quilz ne couſterent neufz
Charitablement ie leur laiſſe.

Item ie laiſſe aux mendians
Aux filles dieu & aux Beguynes
Sauoureux morceaulx & frians
Chappons, pigeons, graſſes gelines,
Et puys preſcher les quinze ſignes
Et abatre pain a deux mains
Carmes cheuauchent noz voyſines

Enfôduz,
creux & de
ſcharnez.

Mais cela ce n'est que du meins.

Item laiſſe le mortier d'or
A Iehan l'eſpicier de la garde
Et vne potence ſainct Mor
Pour faire vng broyer a mouſtarde
A celluy qui feit l'auantgarde
Pour faire ſur moy griefz explectz
(De par moy)ſainct Anthoine l'arde
Ie ne luy lairray aultre laiz

Item ie laiſſe a Mairebeuf
Et a Nicolas de louuieulx
A chaſcum l'eſcaille d'ung œuf
Plaine de francs & d'eſcus vieulx
Quant au conſierge de Gouuieulx
Pierre Ronſeuille i'ordonne
(Pour leur donner entremy eulx)
Eſcus telz que prince les donne

Finablement en eſcriuant
Ce ſoir ſeullet eſtant en bonne

Eſtãt en bô
ne,eſtãt de
liberté.

Dictant ces lays & deſcriuant
I'oy la cloche de Sorbonne
Qui touſiours a neuf heures ſonne

Le ſalut que lange predit
Si ſuſpendy & mis cy bourne
Pour pryer comme le cueur dit

   Faiɛt au temps de la diɛte date
Par le bon renomme Villon
Qui ne mange figue ne date
Sec & noir comme eſcouuillon
Il n'a Tente ne pauillon
Qu'il nayt laiſſe a ſes amys
Et na mais qung peu de billon
Qui fera tantoſt a fin mys.

             .

Fin du petit Teſtament de Fran-
çoys Villon, de Paris

Cy commence le grant Testamen de Françoys Villon.

Il faict eage trissilabe cō me peage, si faict le Romant de la Rose. Le sens de ce couplet est imper: faict : par quoy fault supplier, Cecy fut faict ou ie commecay ceste œuure en lan &c. Seignāt les rues, faisant le signe de la croix par les rues.

EN LAN de mon trentiesm eage
Que toutes mes hontez i'eu beues
Ne du tout fol, encor'ne sage
Non obstant maintes peines eues
Lesquelles i'ay toutes receues
Soubz la main Thibault Daussigny
S'euesque il est seignant les rues
Qu'il soit le myen ie reny'

Mon seigneur n'est ne mon euesque
Soubz luy ne tiens s'il n'est en friche
Foy ne luy doy ne hommage auecque
Iſne suis son serf, ne sa bische
Peu m'a d'une petite miche
Et de froide eau tout vng esté
Large ou estroit moult me fut chiche
Tel luy soit dieu qu'il ma esté

Et s'aucun me vouloit reprendre
Et dire que ie le mauldys

Non fais,ſi bien le ſcet entendre
Et rien de luy ie ne meſdys
      Voycy tout le mal que i'en dys
S'il m'a eſte miſericors
IE S V S le Roy de paradis
Tel luy ſoit a l'ame & au corps.

      S'il ma eſte dur & cruel
Trop plus que cy ne le racompte
Ie vueil que le dieu eternel
Luy ſoit doncq ſemblable a ce compte
Mais L'egliſe nous dit & compte
Que prions pour noz ennemys
Ie vous diray, i'ay tort & honte
Tous ſes faictz ſoient a dieu remys

      Si prieray pour luy de bon cueur
Par l'ame du bon feu Cotard
Mais quoy?ce ſera doncq par cueur
Car de lire ie ſuys faitard
Priere en feray de picard
S'il ne le ſcait, voy ſe l'apprandre
Sil m'en croyt(ains quil ſoit plus tard)
A Douay ou a Lyſle en Flandre

      Combien que ſ'il veult que Ie prie
Pour luy,foy que doy mon bapteſme

Faitard,pa
reſſeux:qui
tard faict ſa
beſongne.

Foy que doy
mõ bapteſ
me,a mon
bapteſme.

(Obſtant qu'a chaſcun ne le crye)
Il ne fauldra pas a ſon eſme
Au pſaultier prens(quant ſuys a meſme)
(Qui n'eſt de beuf ne cordoen)

Au verſet
dõt il parle
y a,Fiãt di
es eius pau
ci;& epiſco
patũ ei⁹ ac
cipiat alter.

Le verſet eſcript le ſeptieſme
Du pſeaulme de,Deus laudem

Sy pry' au benoiſt filz de dieu
(Qu'a tous mes beſoings ie reclame)
Que ma pouure priere ayt lieu
Vers luy de qui tiens corps & ame
Qui ma preſerué de maint blaſme
Et franchy de vile puiſſance
Loué ſoit il, & noſtre Dame
Et Loys le bon Roy de France

Au quel doint dieu l'heur de Iacob
De Salomon l'honneur & gloire
Quant de proueſſe il en a trop

par mame
p mon ame

De force auſſy par m'ame voire
En ce monde cy tranſitoire
Tant qu'il a de long & de lé
(Affin que de luy ſoyt memoire)
Viure autant que Mathuſalé

Et douze beaulx enfans tous maſles
Veoir de ſon treſcher ſang Royal

Auſſy preux que fut le grant Charles
Conceuz en ventre nuptial
Bons comme fut ſainct Marcial
Ainſy en preigne au bon Daulphin
Ie ne luy ſouhaicte autre mal
Et puys paradis a la fin

    Pource que foible Ie me ſens
Trop plus de biens que de ſanté
Tant que Ie ſuys a mon plain ſens
Si peu que dieu m'en a preſté
(Car d'autre ne l'ay emprunté)
I'ay ce teſtament treſeſtable
Faict de derniere voulunte
Seul pour tout,& irreuocable

    Eſcript lay lan ſoyxante & vng
Que le bon Roy me deliura
De la dure priſon de Mehun
Et que vie me recouura
Dont ſuys (tant que mon cueur viura)
Tenu vers luy me humilier
Ce que feray tant qu'il mourra
Bien faict ne ſe doit oublier

Tãt que Ie
ſuys,
Tandis que
ſe ſuys.

Mil quatre
cẽs ſoixãte
& vng.

Tant ' quil
mourra, Iuſ
ques a ce gl
mourra.

Icy commence Villon a entrer
en matiere pleine d'erudition &
de bon scauoir

OR est vray qu'apres plaigtz & pleurs
Et angoisseux gemissemens
Apres tristesses & douleurs
Labeurs & griefz cheminemens
Trauail mes lubres sentemens
Aguisa (rondz comme pelote)
Me monstrant plus que les commens
Sur le sens moral d'aristote

Côblen tou
teffoys
Combien au pluffort de mes maulx
En cheuauchant sans croix ne pille
Dieu qui les pellerins D'esmaux
Conforta, ce dit l'euangile
Me monstra vne bonne ville
Et pourueut du don d'esperance
Combien que le pecheur soit vile
Dieu ne hayt que perseuerance

Ie suys pecheur, ie le scay bien
Pourtant ne veult pas dieu ma mort
Mais conuertisse, & viue en bien

Et tout autre que peche mord
  Combien que en peche ſoye mort
Dieu vit,& ſa miſericorde
Et ſi ma coulpe me remord
Par ſa grace pardon m'accorde

  Et comme le noble Romant
De la Roſe dit & confeſſe
(En ſon premier commencement)
Qu'on doit ieune cueur en ieuneſſe
(Tant qu'il ſoit meury par vieilleſſe)
Excuſer, Helas il dit voir
Ceulx doncq qui me font telle oppreſſe
En meurte ne me vouldroient veoir

  Si pour ma mort le bien publique
D'aucune choſe vaulſiſt myeulx
A mourir (comme vng homme inique)
Ie me iugeaſſe,ainſi maid'dieux
Grief ne faiz a ieune ne vieulx
Soye ſur piedz,ou ſoye en biere
Les montz ne bougent de leurs lieux
Pour vng pouure n'auant n'arriere

  Au temps que Alexandre regna
Vng hom nommé Diomedes

b j

Ainſi maid
dieux. Ain
ſi maide
dieu.
  Sole ſur
piedz &c.
Sole vif ou
mort.
Notez ceſte
hyſtoire bi̇ẽ
appropriee

Deuant luy on luy amena
Engrillonné poulces & detz
Comme vng larron, car il fut des
Escumeurs qui voyons courir,
Si fut mys deuant les cadetz
Pour estre iugé a mourir

L'empereur si l'arraisonna
Pour quoy es tu larron de Mer?
L'aultre, response luy donna,
Pour quoy larron me faiz nommer?

Alexandre Pour ce qu'on te voyt escumer
En vne petiote fuste

Dyomedes Si comme toy me peusse armer,
Comme toy Empereur ie fusse

Mais que veulx tu? de ma fortune
(Contre qui ne puys bonnement,

Notez Qui si durement me infortune)
Me vient tout ce gouuernement
Excuse moy aucunement
Et saches qu'en grand' pouureté
(Ce mot dit on communement)
Ne gist pas trop grand' loyaute

Quant l'empereur eut remire

De Diomedes tout le dict
Ta fortune ie te mueray
Mauuaiſe en bonne(ce luy dít)
Si fiſt il,oncq puys ne meſprit
Vers perſonne,mais fut vray homme
Valere(pour vray)nous l'eſcript
Qui fut nomme le grant a Romme

Si dieu m'euſt donne rencontrer
Vng autre piteux Alexandre
Qui m'euſt faict en bon heur entrer
Et puys qu'il m'euſt veu condeſcendre
A mal,eſtre ards & mys en cendre
Iugé me fuſſe de ma voix
Neceſſite faict gens meſprendre   Notez
Et fain ſaillir le loup des boys

Ie plaings le temps de ma ieuneſſe
Au quel i'ay(plus qu'autre)gallé
Iuſque a l'entree de vieilleſſe
Car ſon partement ma celé
Il ne ſ'en eſt a pied allé
Ne a cheual,las & comment donʃ   Don, pour
Soudainement ſen eſt vollé   donq,par
Et ne m'a laiſſe quelque don   trop grand
                    b ij   licence poe
                                         tique,

Alle s'en est, & ie demeure
Pouure de sens & de sauoir
Triste, failly, plus noir que meure
Ie n'ay ne cens, rente, ne auoir
Des myens le moindre (ie dy <u>voir</u>)
De me desaduouer s'auance
Oublyans naturel deuoir
Par faulte d'ung peu de cheuance

Si ne crains ie auoir despendu
Par friander ne par lescher
Ne par trop aymer riens vendu
Qu'amys me sceussent reprocher
Au moins qui leur couste trop cher
Ie le dy, & ne crains mesdire
De ce ne me puys ie reuencher
Qui n'a meffait, ne le doit dire

Reuencher
Reuenger
est le vray
terme.

Bien est il vray que i'ay ayme
Et aymeroye voulentiers
Mais triste cueur, ventre affamé
Qui n'est ressasié au tiers
Me oste des amoureux sentiers
Au fort quelqun s'en recompense
Qui est remply sur les chantiers

Car de la panfe vient la danfe

He dieu fe i'euffe eftudie
Au temps de ma ieuneffe folle
Et a bonnes meurs dedié
I'euffe maifon,& couche molle
Mais quoy? ie fuyoye lefcole
Comme faict le mauuays enfant
  En efcriuant cefte parolle
A peu que le cueur ne me fend

  Le dict du fage (trefbeaulx dictz)
Fauorable(& bien en puis mais)
Qui dit,effouys toy mon filz
Et ton adolefcence metz
Ailleurs,fert bien d'ung autre mectz
Car ieuneffe & adolefcence
(C'eft fon parler,ne moins ne mais)
Ne font qu'abbus & ignorance

  Mes iours fen font allez errant
Comme dit Iob d'une touaille
Et des filetz quant tifferant
Tient en fon poing ardente paille
Car f'il y a nul bout qui faille

Notez ieu-
nes gens.

Fuyoye
triffillabe.

Trefbeaulx
dictz
qui eft vng
Trefbeau
dict.
Prenez gar-
de (le-
cteurs)a ce-
fte parêthe-
fe.
Ne ne mois
ne mais.
Ne moins
ne plus.

Trefbelle
côparaifon.

Soubdainement il le rauift
Si ne crains plus que rien m'affaille
Car a la mort tout s'affouuyft

A la mort
&c.

A la mort
tous maulx
font faoulz
daffaillir
Ihomme.

    Ou font les gratieux gallans
Que ie fuyuoye au temps iadis
Si bien chantans, fi bien parlans
Si plaifans en faictz & en dictz!
Les aucuns font mortz & roydiz
Deulx n'eft il plus rien maintenant
Repos ayent en paradis

Le remes
nant, le des
mourant.

Et dieu faulue le remenant

    Et les aucuns font deuenuz
(Dieu mercy) grans feigneurs & maiftre
Les autres mendient tous nudz
Et pain ne voyent qu'aux feneftres
Les autres font entrez en cloiftres
De Celeftins, & de Chartreux

Doyftres
dhuyftres.

Bottez, houfez, com pefcheurs d'oyftres
Voyla l'eftat diuers d'entre eulx

Icy Villon
reitere arti
ficfellemēt
ce quil a dit
au prece:

Aux grans maiftres dieu doint bien faire
Viuans en paix & a recoy
En eulx il n'y a que refaire

Si ſen fait bon taire tout coy
Mais aux autres qui n'ont de quoy
(Comme moy)dieu doint patience
Aux autres ne fault qui ne quoy
Car aſſez ont pain & pitance

Aux autres
A ceulx qui
ſont entrez
en cloiſtres

Bon vins ont ſouuent embrochez
Saulces,brouetz,& gras poiſſons
Tartres,flans,œufz fritz & pochez
Perduz,& en toutes façons
Pas ne reſſemblent les maçons
Que ſeruir fault a ſi grand'peine
Ilz ne veulent nulz eſchançons
Car de verſer chaſcun ſe peine

En ceſt incident me ſuys mys
Qui de rien ne ſert a mon faict
Ie ne ſuys iuge,ne commis
Pour punyr n'abſouldre meffaict
De tous ſuys le plus imparfaict
Loué ſoit le doulx IESVS CHRIST
Que par moy leur ſoit ſatiffaict
Ce que i'ay eſcript,eſt eſcript

Laiſſons le monſtier ou il eſt
b iiij

Parlons de chofe plus plaifante
Cefte matiere a tous ne plaift
Enuyeufe eft, & defplaifante,
Pouurette, chagrine, dolente,

Notez bien Toufiours defpiteufe & rebelle
Dit quelque parolle cuyfante
S'elle n'ofe, fi le penfe elle

Extrace,
Origine.

Pouure ie fuys des ma ieuneffe
De pouure & de petite extrace
Mon pere n'eut oncq grand' richeffe
Ne fon ayeul nommé Erace
Pouureté tous nous fuyt & trace
Sur les tumbeaulx de mes anceftres
(Les ames defquelz Dieu ambraffe)
On n'y voyt couronnes ne fceptres

Me guemē
tant,
me complai
gnant, me
fouciāt.
Ne te dou
loufe, ne te
plains.
Iaq̄s Cueur
Grant argē
tier de Frā
ce.

De pouureté me guementant
Souuenteffoys me dit le cueur,
Homme, ne te douloufe tant
Et ne demaine tel douleur
Si tu n'as tant que Iacques Cueur
Myeux vault viure foubz gros bureaux
Pouure, qu'auoir efté feigneur,
Et pourrir foubz riches tumbeaux

Qu'auoir esté seigneur. Que dys?
Seigneur helas ne l'est il mais
Selon les auctentiquez dictz
Son lieu ne congnoistra iamais

   Quant du surplus ie m'en desmectz
Il n'appartient a moy pecheur
Aux Theologiens le remectz
Car c'est office de prescheur

   Si ne suys(bien le considere)
Filz d'ange portant dyademe
De estoille ne d'autre sydere
Mon pere est mort, dieu en ayt l'ame
Quant est du corps, il gyst soubz l'ame
I'entens que ma mere mourra
Et le scait bien la pouure femme
Et le filz pas ne demourra

   Ie congnoys que pouures & riches
Sages & folz, prebstres & laiz
Nobles, vilains, larges & riches
Petiz & grans, & beaulx & laidz
Dames a rebrassez colletz
De quelconque condicion
Portans attours & bourreletz

Margin notes:

Mais, plus.

Theologiés est de cinq sillabes, mais icy est quadrissillabe.

Dyademe, fault prononcer dya dame lanti que ou a la Parissiehne. Soubz lame Soubz tûbe

L'habit des dames du temps de Villon.

Mort faifit fans exception

Et meure Paris ou Helene
Quiconques meurt,meurt a douleur
Celluy qui perd vent,& alaine
Son fiel fe creue fur fon cueur
Puys fue,dieu fcait quel fueur
Et n'eft qui de fes maulx l'allege
Car enfans na,frere,ne feur
Qui lors voulfift eftre fon pleige

La mott le faict fremir,pallir,
Le nez courber,les veines tendre
Le col enfler,la chair mollir
Ioinctes & nerfz croiftre & eftendre
Corps feminin qui tant eft tendre
Polly,fouef,fi gracieux
Fauldra il à ces maulx entendre?
Ouy,ou tout vif aller es cieulx.

Ouy mong
fillabe.

Ballade des dames du temps iadis.

DIctes moy,ou,ne en quel pays
Eft Flora la belle Romaine
Archipiada,ne Thais
Qui fut fa coufine Germaine?
Echo parlant quant bruyt on maine
Deffus riuiere,ou fus eftan.
Qui beaulte eut trop plus que humaine?
Mais ou font les neiges dantan?

Ou eft la treffage Helois
Pour qui fut chaftré(& puys moyne)
Pierre Efbaillart a fainct Denys?
Pour fon amour eut ceft effoyne
Semblablement ou eft la Royne
Qui commanda que Buridan
Fuft iette en vng fac en Seine?
Mais ou font les neiges dantan?

La Royne blanche comme vng lys
Qui chantoit a voix de Sereine
Berthe au grand pied,Bietris,Allys
Harembouges qui tint le Mayne

Et Iehanne la bonne Lorraine
Que Angloys bruflerent a Rouen?
Ou font ilz,vierge fouueraine?
Mais ou font les neiges dantan?

Prince n'enquerez de fepmaine
Ou elles font,ne de ceft an
Que ce refrain ne vous remaine
Mais ou font les neiges dantan?

Ballade des feigneurs du temps iadis, fuyuant le propos precedent.

Vi plus?ou eft le tiers Calixte
Dernier decedé de ce nom
Qui quatre ans tint le papalifte?
Alphonfe le Roy d'arragon?
Le gratieux duc de Bourbon
Et Artus le Roy de Bretaigne
Et Charles feptiefme le bon?
Mais ou eft le preux Charlemaigne?

Le Papalifte,Le fiege papal.

Semblablement le Roy Scotifte
Qui demy face eut(ce dit on)

Scotifte Defcoffe.

Vermeille comme vne Amathiſte
Depuys le front iuſqu'au mentonſ
Le Roy de Chipre de renom
Helas,& le bon Roy d'eſpaigne
Duquel ie ne ſcay pas le nomſ
Mais ou eſt le preux Charlemaigneſ

    D'en plus parler ie me deſiſte
Ce monde n'eſt qu'abuſion
Il n'eſt qui contre mort reſiſte
Ne qui treuue prouiſion.
    Encor' fais vne queſtion
Lancelot le Roy de Behaigne
Ou eſt ilſou eſt ſon Tayonſ
Mais ou eſt le preux Charlemaigneſ

    Ou eſt Gueſ̃lin le bon Breton
Et le conte daulphin D'auuergne
Et le bon feu duc Dalençonſ
Mais ou eſt le preux Charlemaigneſ

Tayon, pe
re grant en
langage pi
card , duꝗl
Paris te,
noyt plus
lors que a
preſent.

Autre Ballade a ce propos,en vieil langage Françoys.

ET fuffe Ly fainctz Apoftolles
D'aulbes veftuz,demy treffez
Qui ne ceinct fors fainctes eftolles
Dont par le col prent ly mauffez
De mal talent tout efchauffez
Auffi bien meurt filz que feruans
De cefte vie fuys bouffez
Autant en emporte ly vens

Voire ou foit de Conftantinobles
L'emperier aux poings dorez
Ou de France ly Roy trefnobles
Sur tous autres Roys decorez
Qui pour ly grant dieux adorez
Baftift Eglifes & Couuens
S'en fon temps il fut honnorez
Autant en emporte ly vens

Ou foit de Vienne & de Grenobles
Ly Daulphin,ly preux,ly Senez
Ou de Diion,Sallins,& Dolles
Ly Sires,& ly filz aifnez
Ou autant de leurs gens priuez
Heraulx,Trompettes,pourfuyuans

[marginal notes]

Ly fainctz Apoftoles le pape. Et fe trouue toufiours icy le plus rier pour le fingulier, a lantique. Ly mauffez ie dyable. Suys bouffez. Suys fafche Lemperier &c. Lépereur qui a la pôme dor au poing.

Ly Senez, le vieil ou ancien , Et eft extraict de Senex, vocable latin.

Ont ilz bien boute ſoubz le nez
Autant en emporte ly vens

Princes a mort ſont deſtinez
Comme les plus pouures viuans
S'il en ſont courſez ou tennez
Autant en emporte ly vens

Puys que papes, Roys, filz de Roys
Et conceuz en ventres de Roynes,
Sont enſeueliz, mortz & froidz
(En aultruy mains paſſent les regnes)
Moy pouure mercerot de Renes
Mourray ie pas? Ouy ſe dieu plaiſt
Mais que i'aye faict mes eſtrenes
Honneſte mort ne me deſplaiſt

Ce monde n'eſt perpetuel
Quoy que penſe riche pillart
Tous ſommes ſoubz mortel couſte
Ce confort prent pouure vieillart:
Lequel d'eſtre plaiſant raillart
Eut le bruyt lors que ieune eſtoit
On tiendroit a fol & paillart
Vieil, ſi railler ſe mettoit

Icy dit Vil-
lon que l'hō
me vieil &
pouure ſe
conforte en
la mort.

Or luy conuient il mendier,
Car a ce faire le contrainct

Huy &
hyer, touſ·
iours·
Requiert huy ſa mort & hyer
Triſteſſe ſon cueur ſi eſtrainct
Souuent(ſi n'eſtoit dieu qu'il crainct)
Il feroit vng horrible faict
Si aduient qu'en ce dieu enfrainct
Et que luy meſmes ſe deffaict

Car ſen ieuneſſe il fut plaiſant
Orez plus rien ne dit qui plaiſe,
(Touſiours viel Synge eſt deſplaiſant)
Choſe ne faict qui ne deſplaiſe.
S'il ſe taiſt(affin qu'il complaiſe)
Il eſt tenu pour fol recreu.
S'il parle, on luy dit qu'il ſe taiſe
Et qu'en ſon prunier n'a pas creu

Auſſi ces pouures femmelettes
Qui vieilles ſont, & n'ont de quoy
Quant ilz voyent ces pucellettes
Endemenees & a recoy,
Ilz demandent a dieu, pour quoy
Si toſt naſquirent, ne a quel droit
Tout le monde ſ'en taiſt tout coy.

Car au tanſer,on le perdroit.

Les regretz de la belle Heaulmyere ia paruenue a vieilleſſe.

Duis m'eſt que i'oy regretter
La belle qui fut Heaulmyere
Soy ieune fille ſouhaitter
Et parler en ceſte maniere
Ha vieilleſſe felonne & fiere
Pour quoy m'as ſi toſt abatue?
Qui me tient,qui?que ne me fiere
Et que a ce coup ie ne me tue?

Tollu m'as la haulte franchiſe
Que beaulte m'auoit ordonné
Sur clercz,marchans,& gens d'egliſe
Car lors il n'eſtoit homme né
Qui tout le ſien ne m'euſt donné
(Quoy qu'il en fuſt des repentailles)
Mais que luy euſſe abandonné
Ce que reffuſent truandailles

A maint homme l'ay reffuſé
Qui n'eſtoit a moy grand'ſageſſé

Pour l'amour d'ung garſon ruſé
Au quel ien feiz grande largeſſe
Or ne me faiſoit que rudeſſe

Par mame,
Par mon
ame.
Et par m'ame ie l'amoys bien
Et à qui que feiſſe fineſſe
Il ne m'aymoit que pour le **myen**

Ia ne me ſceut tant detrayner
Fouller aux piedz,que ne l'aymaſſe
Et m'euſt il faict les rains trayner,
S'il me diſoit que le baiſaſſe
Et que tous mes maulx ne oubliaſſe
Le glouton de mal entaché
M'embraſſoit,i'en ſuys bien plus graſſe
Que m'en reſte il honte & peché.

Or eſt il mort paſſé trente ans
Ie remains
Ie demeu-
re.
Et ie remains vieille chenue
Quant ie penſe las au bon temps
Quelle fus,ſuis deuenue,
Quant me regarde toute nue,
Et ie me voy ainſi changee
Pouure,ſeiche,maigre,menue
Ie ſuys preſque toute enragee

Qu'eſt deuenu ce front poly
Ces cheueulx blonds, ſourcilz voultiz
Grant entr'oeil, le regard ioly
Dont prenoye les plus ſubtilz
Le beau nez ne grant ne petiz
Ces petites ioinctes oreilles
Menton fourchu, cler vis traictis
Et ces belles leures vermeilles

Pluſier
pour ſingu
lier.

  Ces gentes eſpaulles menues
Ces bras longs, & ces mains traictiſſes
Petiz tetins, hanches charnues
Eſleuees, propres, faictiſſes
A tenir amoureuſes lyſſes
Ces larges reins, le ſadinet
Aſſis ſur groſſes fermes cuyſſes
Dedans ſon ioly iardinet

  Le front ride, les cheueulx gris
Les ſourcilz cheuz, les yeulx eſtainctz
Qui faiſoient regars & ris
Dont maintz marchans furent attainctz
Nez courbe, de beaulte loingtains
Oreilles pendens & mouſſues
Le vis pally, mort & deſtainctz

Villon (a
uecq̃s grãt
artifice)re
prent icy
par contrai
res tout ce
quil a dit
aux deux
coupletz
precedens.
Plurier,
pour ſingu
lier.

             c ii

peauſſues ,
Qui ne
ſont plus
que peaulx

Menton fonce,leures peauſſues

Ceſt d'humaine beaulte lyſſues
Les bras courts,& les mains contraiƈtes
Les eſpaulles toutes boſſues
Mammelles quoy؟toutes retraiƈtes
Telles les hanches que les tettes
Du ſadinet,fy:quant des cuiſſes
Cuiſſes ne ſont plus,mais cuiſſettes
Griuelees comme ſaulciſſes

Ainſi le bon temps regretons
Entre nous pouures vieilles ſottes
Aſſiſes bas a croppetons
Tout en vng tas comme pelotes
A petit feu de cheneuottes
Toſt allumees,toſt eſtainƈtes
Et iadis fuſmes ſi mignottes
Ainſi en prend a maintz & maintes.

Ballade & doctrine de la belle Heaul-
miere aux filles de ioye.

O R y penſez belle Gantiere
    Qui m'eſcoliere ſouliez eſtre
    Et vous Blanche la ſauatiere
Or eſt il temps de vous congnoiſtre
Prenez a dextre & a ſeneſtre
N'eſpargnez homme,ie vous prie
Car vieilles n'ont ne cours ny eſtre
Ne que monnoye qu'ont deſcrie

    Et vous la gente ſaulciſſiere
Qui de dancer eſtes dextre
Guillemette la tapiſſiere
Ne meſprenez vers voſtre maiſtre
Tous vous fauldra clorre feneſtre
Quant deuiendrez vieille fleſtrie
Plus ne ſeruirez q'ung vieil preſtre
Ne que monnoye qu'on deſcrie.

    Iehanneton la chaperonniere
Gardez qu'amy ne vous empeſtre
Katherine leſperonniere
N'enuoyez plus les hommes paiſtre
Car qui belle n'eſt ne perpetre
Leur male grace,mais leur rie

Laidde vieilleffe amour ne impetre
Ne que monnoye qu'on defcrie

Filles vueilles vous entremettre
D'efcouter pour quoy pleure & crie
Pour ce que ie ne me puys mettre
Ne que monnoye qu'on defcrie..

Lautheur.

CEfte leçon icy leur baille
La belle & bonne de iadis
Bien dit ou mal, vaille que vaille,
Enregiftrer i'ay faict ces dictz
Par mon clerc Fremyn l'eftourdys
Auffi raffis comme puys eftre
S'il me defment, ie le mauldys
Selon le clerc eft deu le maiftre

Si apperçoy le grant danger
La ou l'homme amoureux fe boute
Et qui me vouldroit ledanger
De ce mot, en difant, efcoute
Si d'aymer l'eftrange & reboute
Le barat de celles nommees

Ledanger
blafmer.]

Tu fais vne bien folle doubte
Car ce ſont femmes diffamees

Selles n'ayment que pour argent
On ne les ayme que pour l'heure
Rondement ayment toute gent
Et rient lors que bourſe pleure
De celles cy on en recœuure
Mais en femmes d'honneur & nom
Franc homme(ſi dieu me ſequeure)
Se doit employer,ailleurs non

Ie prens qu'aucun dye cecy
Si ne me contente il en rien
En effeſt ie concludz ainſi
(Et ſy le cuyde entendre bien)
Qu'on doit aymer en lieu de bien
Aſſauoir mon ſy ces fillettes
Que en parolles toute iour tien
Ne furent pas femmes honneſtes

Icy ſentend
des filles de
ioye.

Honneſtes?ſi furent vrayement
Sans auoir reproches ne blaſmes,
Si eſt vray que au commencement
Vne chaſcune de ces femmes

c iiij

Prindrent(auant qu'euſſent diffames)
L'une vng clerc,vng lay,l'autre vng moin
Pour eſtaindre d'amours les flammes
Plus chauldes que feu ſainct Anthoine

Or firent(ſelon ce decret)
Leurs amys,& bien y appert
Elles aymoient en lieu ſecret
Car autre que eulx n'y auoit part
Touteſfoys ceſte amour ſe part
Car celle qui n'en auoit q'un
Dicelluy ſeſlongne & deſpart
Et ayme myeulx aymer chaſcun

Fault dire appart, & non appert a l'uſaige de Paris.

Qui les meut a ceſte imagine
(Sans l'honneur des dames blaſmer)
Que c'eſt nature feminine
Que tous viuans veulent aymer.
Autre choſe n'y fault rymer
Fors qu'on dit a Reins & a Troys
Voire a L'iſle,& ſainct Omer
Que ſix ouuriers font plus que troys

Or ont les folz amans le bond
Et les dames prins la vollee

C'eſt le droit loyer qu'amours ont
Toute foy y eſt violee
Quelque doulx baiſer, acollee
De chiens, d'oyſeaulx, darmes, damours,
(Chaſcun le dit a la vollee)
Pour vng plaiſir mille douleurs.

Double Ballade continuant le premier propos.

POurceaymez tant que vous vouldrez
Suyuez aſſemblees & feſtes
En la fin ia myeulx n'en vauldrez
Et ſi n'y romprez que voz teſtes
Folles amours font les gens beſtes
Salmon en Idolatryá
Sanſon en perdit ſes lunettes
Bien eſt heureux qui rien ny á

Salmõ pour
Salomon.
Seslunettes
ſes yeulx.

Orpheus le doulx meneſtrier
Iouant de fluſtes & muſettes
Et fut en danger du meurtrier
Le chien Cerberus a troys teſtes
Et Narciſſus le bel honneſtes
En vng profund puys ſe noyá

Pour l'amour de ses amourettes
Bien heureux est qui rien ny á

Sardina le preux cheualier
Qui conquist le regne de Cretes

Moulier,
femme.

Et voult deuenir moulier
Et filer entre pucellettes
Dauid ly Roy, sage prophetes
Crainte de dieu en oublya
Voyant lauer cuisses bien faictes
Bien heureux est qui rien ny á

Ammon en voulst deshonnorer
(Feignant de manger tartellettes)
Sa seur Thamar, & deflorer
Qui fait incestes deshonnestes
Herodes(pas ne sont sornettes)
Sainct Iehan Baptiste en decolla
Pour dances, saultz, & chansonnetes,
Bien heureux est qui rien ny á

De moy pouure ie vueil parler

Cõme a ru
telles.cõme
toilles avng
ruisseau.

I'en fuz batu comme a ru telles,
Tout nud, ia ne le quiers celer.
Qui me feit mascher ces groiselles

Fors Katherine deuauſelles
Et Noe le tiers qui fut la?
Mitaines a ces nopces telles
Bien heureux eſt qui rien ny á

Mais que ce ieune bachelier
Laiſſaſt ces ieunes bachelettes,
Non,& le deuſt on vif bruſler
Comme vng cheuaucheur deſcouuettes,
Plus doulces ſuy ſont que ciuettes
Mais touteſſoys fol ſ'y fia,
Soient blanches,ſoient brunettes
Bien heureux eſt qui rien ny á

Si celle que iadis ſeruoye
De ſi bon cueur & loyaument
D'ont tant de maulx & griefz ï'auoye
Et ſouffroye tant de torment
Si dit m'euſt au commencement
Sa voulente(mais nenny,las?)
I'euſſe mys peine ſeurement
De moy retraire de ſes las.

Quoy que ie luy voulſiſſe dire
Elle eſtoit preſte d'eſcouter

Mitaines a
nopces tels
les chauffez
voz gands
a telles nos
pces.
Ceſt a dire,
arriere de
la.
Cheuauche
ur deſcou
nettes,che
uaucheur
de balays,
ſorcier.

Sans m'accorder ne contredire,
Qui plus est, souffroit m'acouter
Ioignant elle pres faccouter
Et ainsi m'alloit amusant
Et me souffroit tout racompter
Mais ce n'estoit qu'en m'abusant

Abuse m'a, & faict entendre
Tousiours d'ung que c'est vng autre
De farine, que ce fust cendre
D'ung mortier, vng chapeau de feautre
De viel maschefer, que fust peaultre
D'ambesas que ce fussent ternes
Tousiours trompeur aultruy engeaultre
Et rend vessies pour lanternes

Du ciel vne paesle d'arain
Des nues vne peau de veau
Du matin, qu'estoit le serain
D'ung trongnon de chou, vng naueau:
D'orde ceruoise, vin nouueau
D'une tour, vng molin a vent
Et d'une haye, vng escheueau
D'ung gros Abbe, vng pourfuyuant

Ainsi m'ont amours abuse

(marginalia) fust

(marginalia) Feautre,
fustre.

(marginalia) Engeaultre
trompe,
decoyt.

Et pourmene de l'huys au peſle
Ie croy que homme n'eſt ſi ruſé
(Fuſt fin comme argent de crepelle)
Qui n'y laiſſaſt linge & drappelle
Mais qu'il fuſt ainſi manyé
Comme moy, qui par tout m'appelle
Lamant remys & renye.

    Ie renye Amours & deſpite
Et deffie a feu & a ſang
Mort par elles me precipite
Et ne leur en chault pas d'ung blanc
Ma vielle ay mys ſoubz le banc
Amans ie ne ſuyuray iamais.
Si iadis ie fuz de leur ranc,
Ie declaire que n'en ſuys mais

    Car i'ay mys le plumail au vent
Or le ſuyue qui a attente
De ce me tays dorenauant
Car pourſuyure vueil mon entente
Et ſ'aucun m'interrogue ou tente
Cemment d'amours i'oſe meſdire
Ceſte parolle les contente
Qui meurt, a ſes hoirs doit tout dire

Ie cognoys approcher ma soif

Les anciés disoiêt œt, pour œuf.
Ie crache blanc comme cotton
Iacobins aussi gros que vng œf ⸱ ⸱ ⸱ ⸱ ⸱ 6
Qu'est ce a dire?quoy?Iehanneton
Plus ne me tiens pour valeton
Mais pour vng vieil vsé roquart
De vieil porte voix & le ton,
Et ne suys q'ung ieune coquart

Dieu mercy & Iacques Thibault ⸱
Qui tant d'eau froide m'a faict boyre
En vng bas lieu,non pas en vng hault
Manger d'angoisse mainte poire
Enferré: quant i'en ay memoire
Ie pry' pour luy(& reliqua)
Que dieu luy doint(& voire voire)
Ce que ie pense,& cetera.

Touteffoys ie n'y pense mal
Pour luy & pour son lieutenant

Du reme⸱ nant du re⸱ sidu.
Aussi pour son official
Qui est plaisant & aduenant
Fault pnõ⸱ cer Robart, & nõ robert au dict vsa⸱ ge⸱
Que faire n'ay du remenant
Mais du petit maistre Robert
Ie les ayme tout d'ung tenant

Ainſi que faict dieu le Lombart

Si me ſouuient bien(dieu mercys)
Que ie feis a mon partement
Certains lays l'an cinquante ſix
Qu'aucuns(ſans mon conſentement)
Voulurent nommer teſtament
Leur plaiſir fut,& non le myen
Mais quoy?on dit communement
Q'ung chaſcun n'eſt maiſtre du ſien

M.ccccj
lvj.

Et ſ'ainſi eſtoit qu'on n'euſt pas
Receu les lays que ie commande
I'ordonne que apres mon treſpas
A mes hoirs on face demande
De mes biens vne plaine mande
Moreau prouins,Robin turgis
De moy(dictez que ie leur mande)
Ont eu iuſqu'au lict ou ie gys

Pour le reuoquer ne le dy
Et y couruſt toute ma terre
De pitie me ſuys refroidy
Enuers le baſtard de la barre
Parmy ſes troys gluyons de farre

Fault pro~
no~cer tarre
pour terre,
& Sarre,
pour ſerre,
a cauſe du
terrouer.

Ie luy donne mes vieilles nattes
Bonnes feront pour tenir ferre
Et foy fouftenir fur les pattes

Somme,plus ne diray q'ung mot
Car commencer vueil a tefter
Deuant mon clerc Fremin qui m'ot
(S'il ne dort)ie vueil protefter
Que n'entends homme detefter
En cefte prefente ordonnance
Et ne la vueil manifefter
Sinon au royaume de France

Qui mot qui me oyt

Ie fens mon cueur qui f'affoiblift
Et plus ie ne puys papier
Fremin fiez toy pres de mon lict
Que l'on ne me viegne efpier
Prens toft encre,plume & papier
Ce que nomme,efcryz viftement
Puys fais le par tout copier
Et vecy le commencement

Icy commence Villon a tefter.

OV nom de dieu pere eternel
Et du filz que virge parit

Parit,enfan te.

Dieu au pere coeternel
Enſemble du ſainct eſperit
Qui ſaulua ce qu'adam perit
Et du pery pare les cieulx
(Qui bien le croyt,peu ne merit)
Gens-mortz furent faictz petiz dieux

> Perit , pour
> perdit ,
> mais il ne
> ſe peut diſ-
> re.
> Ne merit,
> Ne merite.

Mortz eſtoient,& corps & ame
En damnee perdition
Corps pourriz,& ames en flamme
De quelconque condition
Touteſſoys fais exception
Des patriarches & prophetes
Car ſelon ma conception
Onques n'eurent grant chault aux feſſes

Qui me diroit,qui te faict meſtre
Si treſauant ceſte parolle
Qui n'es en Theologie maiſtre
A toy eſt preſumption folle

> Theologie
> de.iiij.ſilla-
> bes.

Ceſt de IESVS la parabolle
Touchant du riche enſeuely
En feu,non pas en couche molle
Et du ladre au deſſoubz de ly

d j

Si du ladre euſt veu le doy ardre
Il n'euſt ia requis refrigere

Aherdre,
Prendre.

Ne eau au bout de ſes doiz aherdre
Pour refreſchir ſa maſchouere

Mate che-
re,
Pouure &
piteuſe che
re.
Bourde ius
miſe, Tou-
te raillerie
laiſſee.

Pions y feront mate chere
Qui boyuent pourpoinct & chemiſe
Puys que boyture y eſt ſi chere
Dieu nous en gard(bourde ius miſe)

Ou nom de dieu(comme i'ay dit)
Et de ſa glorieuſe mere
Sans peche ſoit parfaict ce dict
Par moy plus maigre que chimere
Si ie n'ay eu fieure effimere
Ce m'a faict diuine clemence
Mais d'autre dueil & perte amere
Ie m'en tays,& ainſi commence

Premier ie donne ma pouure ame
A la benoiſte trinite
Et la commande a noſtre dame
Chambre de la diuinite
Priant toute la charite
Et les dignes anges des cieulx
Que par eulx ſoit ce don porté

Deuant le throſne precieux.

Item mon corps l'ordonne & laiſſe
A noſtre grand'mere la terre
Les vers ny trouueront grand'greſſe
Trop luy a faict faim dure guerre
Or luy ſoit deliuré grand erre
De terre vint,en terre tourne
Toute choſe(ſi par trop n'erre)
Voulentiers en ſon lieu retourne

Item & a mon pluſque pere
Maiſtre Guillaume de Villon
Qui m'a eſte plus doulx que mere
D'enfant eſleue de maillon
Qui m'a mys hors de maint boillon
Et de ceſtuy pas ne ſ'eſioye
Si luy requiers a genoillon
Qu'il m'en laiſſe toute la ioye

De maillon
De maillot

Ie luy donne ma librairie
Et le rommant du pet au dyable
Lequel maiſtre Guy tablerie
Groſſoya,qu'eſt hom' veritable
Par cayers eſt ſoubz vne table

Queſt hom
Qui eſt hõ-
me.

Combien quʼil foit rudement faict
La matiere eft fi trefnotable
Quʼelle amende tout le meffaict

Item donne a ma pouure mere
Pour faluer noftre maiftreffe
Qui pour moy eut doleur amere
(Dieu le fcait)& mainte trifteffe
Autre chaftel nʼay ne fortreffe
Ou me retraye corps & ame
(Quant fur moy court male deftreffe)
Ne ma mere la pouure femme.

Fortreffe pour fortereffe, par fincope.

Ballade que Villon feit a la reque fte de fa mere,pour prier noftre dame.

Ame des cieulx, regente terrien
Emperiere des infernaulx paluz
Receuez moy,vɍe hũble chreftier
Que comprife foye entre voz efleuz
Ce non obftant quʼonques rien ne valuz
Les biens de vous(ma dame & ma ma
   ftreffe)
Sont trop plus grans q̃ ne fuys pecheref
Sans lefquelz biens ame ne peut merir

Merir, Meriter.

N'entrer es cieulx, ie n'en ſuys menterreſſe
En ceſte foy ie vueil viure & mourir

A voſtre filz dictes que ie ſuys ſienne
De luy ſoient mes pechez abolus

Abolus,
Aboliz.

Qu'il me pardonne comme a l'egyptienne
Ou comme il feit au clerc Theophilus
Lequel par vous fut quitte & abſolus

Abſolus,
Abſoulz.

Cōbien quil euſt au dyable faict promeſſe
Preſeruez moy, que point ie ne face ce
Vierge portant(ſans rompture encourir)
Le ſacrement qu'on celebre a la meſſe
En ceſte foy ie vueil viure & mourir

Femme ie ſuys pouurette & ancienne
Qui riens ne ſcay, oncques lettre ne leuz
Au monſtier voy (dōt ſuys parroiſſienne)
Paradis painct, ou ſont harpes & luz
Et vng Enfer, on damnez ſont boulluz

Boulluz
Boïlliz eſt
le vray Frā
coys.

L'ung me fait paour, l'autre ioye & lieſſe
La ioye auoir faiz moy(haulte deeſſe)
A qui pecheurs doiuent tous recourir
Comblez de foy, ſans faincte ne pareſſe
En ceſte foy ie vueil viure & mourir.

Vous portaftes(vierge digne princeffe
ı E S v s regnant,qui n'a ne fin ne ceffe
Le tout puiffant prenant noftre foibleffe
Laiffa les cieulx,& nous vint fecourir
Offrift a mort fa trefchere ieuneffe
Noftre feigneur tel eft, tel le confeffe,
En cefte foy ie vueil viure & mourir.

*   Item m'amour,ma chere rofe
Ne luy laiffe ne cueur ne foye
Elle aymeroit myeulx autre chofe
Combien qu'elle ayt affez monnoye
Quoy?vne grand'bourfe de foye
Plaine d'efcuz,profonde & large
Mais pendu foit il(que ie foye)
Qui luy lairra efcu ne targe

Car elle en a(fans moy affez)
Mais de cela il ne m'en chault
Mes grans deduictz en font paffez
Plus n'en ay le cropion chault
Ie m'en defmectz auz hoirs Michault
Qui fut nommé le bon fouterre
Priez pour luy,faictez vng fault
A fainct Satur gift foubz Sancerre

Ce non obſtant pour m'aquitter
Enuers amours plus qu'enuers elle
(Car onques n'y peu acqueſter
D'eſpoir vne ſeule eſtincelle
Ne ſcay ſe a tous eſt ſi rebelle
Que a moy, ce ne m'eſt grant eſmoy
Mais par ſaincte Marie la belle
Ie n'y voy que rire pour moy)

Ceſte ballade luy enuoye
Qui ſe finiſt toute par.R.
Qui la portera?que ie y voye
Ce ſera Pernet de la barre
Pourueu ſ'il rencontre en ſon erre
Ma damoyſelle au nez tortu
Il luy dira,ſans plus enquerre
Orde paillarde dou viens tu?

Ce qui ſe ry me en erre ſe doit pro noncer en arre, cõme deſſus.

Ballade de Villon a ſ'amye.

FAulſe beaulte qui tãt me couſte cher
Rude en effect,hypocrite doulceur
Amour dure plus que fer a maſcher
Nommer te puys de ma deffaçon ſeur
Cherchãt ſinõ la mort dung pouure cueur

De ma deſ façon ſeur, parente de ma ruyne & deffaicte

d iiij

Orgueil musse,qui gens meet au mourir
Yeulx sans pitie ne vouldroiēt(& rigueur)
(Sans empirer)vng pouure secourir.

Myeulx m'eust valu auoir este chercher
Ailleurs secours,c'eust este mon honneur
Rien ne m'eust sceu lors de ce faire fascher
Ores i'en suys en fuyte & deshonneur
Haro,haro,le grant,& le mineur
Et qu'est ce cy?mourray sans coup ferir?
Ou pitie peult(selon ceste teneur)
Sans empirer,vng pouure secourir?

Vng temps viendra, qui fera dessecher,
Iaulnyr,flestrir,vostre espanye fleur
I'en risse lors,s'enfant sceusse marcher
Mais nenny las,ce seroit doncq foleur
Vieil ie feray,vous laidde,& sans couleur
Or beuuez fort,tant que ru peult courir
Ne reffusez(chassant ceste douleur)
Sans empirer,vng pouure secourir

Price amoureux,des amãs le greigneur
Vostre malgre ne vouldroye encourir
Mais tout franc cueur doit par nře seignř

Foleur,
Follie.

Rn,
Ruisseau.

Le greis
gneur,
Le plꝰ grãt

Sans empirer,vng pouure ſecourir

Item a maiſtre Ythier marchant
(Au quel mon branc laiſſay iadis)
Donne(mais qu'il le mette en chant)
Ce lay contenant des vers dix
Auecques vng deprofundis
Pour ſes anciennes amours
Deſquelles le nom ie ne dys
Car il me herroit a touſiours

*Mon branc,
mon eſpee,
ou braque,
matt.*

Lay,ou pluſtoſt rondeau

Ort, i'appelle de ta rigueur
Qui m'as ma maiſtreſſe rauye
Et n'es pas encore aſſouuye
Si tu ne me tiens en langueur
Depuys n'eu force ne vigueur
Mais que te nuyſoit elle en vie?

Mort

Deux eſtions, & n'auyons q'ung cueur
S'il eſt mort,force eſt que <u>deuie</u>
Voire ou que ie viue ſans vie
Comme les images par cueur

Mort

* Item a maiſtre Iehan Cornu
Autres nouueaulx lays ie veulx faire
Car il m'a touſiours ſubuenu
A mon grant beſoing & affaire
Pource le iardin luy tranſſere
Que maiſtre Pierre Bourguignon
Me renta, en faiſant refaire
L'huys de derriere, & le pignon.

Par faulte d'ung huys ie y perdis
Vng grez, & vng manche de houe
A lors huiɕt faucons, non pas dix
N'y euſſent pas prins vne alloue
L'hoſtel eſt ſeur, mais qu'on le cloue
Pour enſeigne y mys, vng hauet
Qui que l'ayt prins(point ne m'en loue)
Sanglante nuyɕt, & bas cheuet

Faulk ſup-
plier, ie luy
donne, ou
laiſſe.

Item Et pour ce que la femme
De maiſtre Pierre ſainɕt Amant
(Combien ſi coulpe y á ou blaſme
Dieu luy pardonne doulcement)
Me meiſt en reng de caymant

Pour le cheual blanc qui ne bouge
Ie luy delaiſſe vne iument
Et pour la mulle vng aſne rouge

Item donne a ſire Denys
Heſſelin,eſleu de Paris
Quatorze muys de vin Daulnis
Prins ches Turgis a mes perilz
S'il en beuuoit tant que periz
En fuſt ſon ſens,& ſa raiſon
Qu'on mette de l'eau aux barrilz
Vin perd mainte bonne maiſon

Item donne a mon aduocat
Maiſtre Guillaume Charruau
(Quoy qu'il marchande,ou ayt eſtat)
Mon branc,ie me tays du fourreau
Il aura auec ce vng reau
En change,affin que ſa bourſe enfle
Prins ſur la chauſſee & carreau
De la grand'cloſture du Temple.

Item mon procureur Fournier
Aura pour toutes ſes coruees
(Simple ſeroit de leſpergnier)

Mon branc
mon brac
quemart o
eſpee.

En ma bourſe quatre hauees
Car maintes cauſes ma ſauluees
Iuſtes ainſi que I E S V S C H R I S T m'ayde
Comme elles ont eſte trouees
Mais bon droit a bon meſtier d'ayde

Item ie donne a maiſtre Iaques
Raguier, le grant Godet de Greue
Pourueu qu'il payera quatre plaques
Deuſt il vendre(quoy qu'il luy griefue)
Ce dont on cœuure mol & greue
Aller(ſans chauſſes en eſchappin)
Tous les matins quant il ſe lieue
Au trou de la pomme de pin.

Item quant eſt de Mairebeuf
Et de Nicolas de Louuiers
Vache ne leur donne ne beuf
Car vachers ne ſont ne bouuiers
Mais gens a porter eſpreuiers
Ne cuidez pas que ie vous ioue,
La maſche- Et pour prendre perdriz, pluuiers
croue, vne
roſtiſſeuſe Sans faillir, ches la maſchecroue
ou poullaiſ-
liere du
temps.

Item viegne Robert Turgis

A moy, ie luy payeray ſon vin
Mais quoy?ſ'il trouue mon logis
Plus fort fera que le deuin
Le droit luy donne d'eſcheuin
Que i'ay comme enfant de Paris
Si parle ie vng peu poiƈteuin
Car deux dames le m'ont apris

Filles ſont treſbelles & gentes
Demourantes a ſainƈt Genou
Pres ſainƈt Iulian des vouentes
Marches de Bretaigne ou Poiƈtou
Mais ie ne dy proprement ou
Or y penſez treſtous les iours
Car ie ne ſuys mye ſi foul
Ie penſe celer mes amours

Item a Iehan Raguyer ie donne
Qui eſt ſergent(voire des douze)
Tant qu'il viura (ainſi l'ordonne)
Tous les iours vne talemouſe
Pour bouter & fourrer ſa mouſe
Prinſe a la table de Bailly
A maubuay ſa gorge arrouſe
Car a manger n'a pas failly

Sa mouſe
ſa moue, ſõ
muſeau.

La fõtaine
maubuay.

Item donne au prince des sotz
Pour vng bon sot, Michault du four
Qui a la foys dit de bons motz
Et chante bien, Ma doulce amour:
Auec ce, il aura le bon iour
Brief, mais qu'il fust vng peu en poinct
Il est vng droit sot de seiour
Et est plaisant, ou ne sest point

Item aux vnze vingts Sergens
Donne(car leur faict est honneste
Et sont bonnes & doulces gens)
Denis Richier, & Iehan Vallette
A chascun vne grand'cornette

Feautres
feustres. Pour pendre a leurs chapeaulx de feautres
I'entends ceulx a pied de la guecte
Car ie n'ay que faire des autres

De rechef, donne a Perrinet
I'entends le bastard de la Barre
Pource qu'il est beau filz & net

Poirre,
Peter, & En son escu(en lieu de barre)
fault pronõ
cer, poarre Troys detz plombez de bonne carre
a la parisiê-
ne. Et vng beau ioly ieu de cartes
Mais quoy? sõ l'oyt vessir ne <u>poirre</u>

En oultre aura les ſieures quartes

    Item ne vueil plus que Chollet
Dolle,trenche,douue,ne boyſe
Relye brocq,ne tonnellet
Mais tous ſes ouſtilz changer voyſe
A vne eſpee lyonnoiſe
Et retienne le hutinet
Combien qu'il n'ayme bruyt ne noyſe
Si luy plaiſt il vng tantinet

    Item ie donne a Iehan le Lou
Homme de bien & bon marchant
(Pource qu'il eſt linget & flou
Et que Chollet eſt mal cherchant)
Vng beau petit chiennet couchant
Qui ne lairra poullaile en voye
Vng long tabart,& bien cachant
Pour les muſſer,qu'on ne les voye

    Item a ſorfeure du Boys
Donne cent clouz , queues & teſtes
De Gingembre Sarazinoys
Non pas pour emplire ſes boytes
Mais pour coniondre culz en crettes

(marginal notes, right column)

Vng tantinet vng peu & ne ſe dit gueres hors Paris.

Flou, flouet delicat.
Mal cherchãt, qui ne ſçait riẽ de chercher & deſrober.
Tabart, quelque ſorte de manteau.

Et couldre iambons & andoilles
Tant que le laict en monte aux tettes
Et le sang en deualle aux coilles

Au Capitaine Iehan Riou
Tant pour luy que pour ses Archiers
Ie donne six hures de lou
Prins a gros mastins de Bouchiers
Ce n'est pas viande a porchiers
Qui les cuit en vin de buffet

Notez que friãdise incite a mal faire. Pour manger de ces morceaux chiers
On feroit bien vng mauuays faict

C'est viande vng peu plus pesante
Que n'est duuet,plume,ne liege,
Elle est bonne a porter en tente
Ou pour vser en quelque siege
Mais s'il prenoit les loups au piege
Et ses mastins ne sceussent courre

Bon miege bõ mire,bõ medecin. I'ordonne moy qui suys bon miege
Que des peaulx sur lyuer sen fourre

Item a Robin Troussecaille
Qui s'est en seruice bien faict
A pied ne va comme vne caille

Mais ſur roen gros & reſfait
Ie luy donne de mon buffet
Vne iatte qu'emprunter n'oſe
Si aura meſnage parfaict
Plus ne luy failloit autre choſe

Item, Et a Perrot Girard
Barbier iuré du bourg la Royne
Deux baſſins,& vng coquemard
Puys qu'a gaigner meet telle peine
Des ans ya demy douzaine
Qu'en ſon hoſtel de cochons gras
M'apaſtela vne ſepmaine.
Teſmoing labbeſſe de pourras

Mapaſtela
me repeut

Item aux freres mendiens
Aux deuotes,& aux beguines
Tant de Paris que D'orleans
Tant Turpelins que turpelines
De graſſes ſouppes Iacobines
Et flans,leurs fais oblation
Et puys apres ſoubz les courtines
Parler de contemplation

Icy   Villon
neſpergne
les monaſte
res.

Si ne ſuys ie pas qui leur donne
e j

Mais de tous enfans font les meres
Et puys dieu ainfi les guerdonne
Pour qui feuffrent peines ameres
Il fault qu'ilz viuent les beaulx peres
Et mefmement ceulx de Paris
S'ilz font plaifir a noz commeres
Ilz ayment ainfi leurs maris

Quoy que maiftre Iehan de Pontlieu
En voulliſt dire(& reliqua)
Contrainct & en publique lieu
Honteufement f'en reuocqua,
Maiftre Iehan de Mehun f'en mocqua
De leur façon,fi feit Mathieu
Mais on doit honnorer ce qua
Honnore l'eglife de Dieu

Si me fubmectz leur feruiteur
En tout ce que puys faire & dire
A les honnorer de bon cueur
Et feruir,fans y contredire
L'homme bien fol eft d'en mefdire
Car foit a part ou en prefcher
Ou ailleurs,il ne fault pas dire
Si gens font pour eulx reuencher

Mendians
font gens
pour eulx
reuanger

Item ie donne a frere Baulde
Demourant a l'hoſtel des Carmes
Portant chere hardie & baulde
Vne ſallade & deux guyſarmes
Que De coſta & ſes gens d'armes
Ne luy riblent ſa caige vert'
Vieil eſt:ſ'il ne quitte les armes
C'eſt bien le dyable de Vauuert

Item pour ce que le ſeelleur
Maint eſtront de mouſche a maſché
Donne (car homme eſt de valleur)
Son ſeau d'auantage craché
Et qu'il ayt le poulce eſcaché
Pour tout empraindre a vne voye
I'entends celluy de l'eueſché
Car des autres,dieu les pouruoye

Quant de meſſieurs les auditeurs
Leur grange ilz auront lambriſſee
Et ceulx qui ont les culz rongneux
Chaſcun vne chaize perſee
Mais que a la petite Macee
D'orleans,qui eut ma ceincture
L'amende ſoit bien hault taxee

e ij

Eſtront de
mouſche de
la cire

Leur grãge
la ſalle dela
chãbre des
comptes de
ſon temps.

Car elle eſt treſmauuaiſe ordure

Item donne à maiſtre Françoys
Promoteur de la vacquerie
Vng hault gorgery d'eſcoſſoys
(Touteſſoys)ſans orfauerie
Car quant receut cheualerie
Il maugrea Dieu & ſainct George
Parler n'en oyt,qu'il ne ſ'en rie
Comme enragé a pleine gorge

Item a maiſtre Iehan Laurens
Qui a les pouures yeulx ſi rouges
Par le peche de ſes parens
Qui beurent en barilz & courges,
Ie donne l'enuers de mes bouges
Pour chaſcun matin les torcher
S'il fuſt Archeueſque de Bourges
Du Cendal euſt,mais il eſt cher

Item a maiſtre Iehan Cotard
Mon procureur en court d'egliſe
Auquel doy encor' vng patard
(A ceſte heure ie m'en aduiſe)
Quant chicaner me feit Deniſe

Diſant,que l'auoye mauldite,
Pour ſon ame(que es cieulx ſoit miſe)
Ceſte oraiſon cy i'ay eſcripte

Ballade & oraiſon.

PEre Noe,qui plantaſtes la vigne
   Vous auſſi Loth,qui buſtes au rocher
Par tel party,qu'amour qui gens engingne   Engigne
De voz filles ſi vous feit approcher   decoyt
Pas ne le dy pour le vous reprocher
Architriclin qui bien ſceuſtes ceſt'art
Tous troys vo⁹ pry,q̃ o vous vueillez pcher
L'ame du bon feu maiſtre Iehan Cotard

   Iadis extraict il fut de voſtre ligne
Luy qui beuuoit du meilleur & plus cher
Et ne deuſt il auoir vaillant q̃ung pigne
Certes(ſur tous)c'eſtoit vng bon archer
On ne luy ſceut pot des mains arracher   Faitard ſ̃
De bien boyre ne fut oncques faitard   Paieſſeux,
Nobles ſeigneurs ne ſouffrez empeſcher qui tard
L'ame du bon feu maiſtre Iehan Cotard   faict quel-
                                    que choſe.

Côme hôme embeu q chãcelle & trepigne Embeu
                e iij   emboyte,
                                    yure.

L'ay veu fouuent, quant il fe alloit coucher
Et vne foys il fe feit vne bigne
(Bien m'en fouuiet) a l'eftal d'ung boucher
Brief on n'euft fceu en ce monde cercher
Meilleur pion pour boyre toft & tard.
Faictes l'entrer (fi vous l'oyez hucher)
L'ame du bon feu maiftre Iehan Cotard

Prince il n'euft fceu iufque a terre cracher
Toufiours crioyt, haro, la gorge m'ard
Et fi ne fceut oncq fa foif eftancher
L'ame du bon feu maiftre Iehan Cotard

Item vueil que le feune merle
Deformais gouueme mon change
Car de changer enuys me mefle
Pourueu que toufiours baille en change
(Soit a priue, foit a eftrange)
Pour troys efcuz, fix brettes targes
Pour deux angelotz, vng grand ange
Amoureux doiuent eftre larges

Item i'ay fceu a ce voyage
Que mes troys pouures orphelins
Sont creuz, & deuiennent en aage

Et n'ont pas teſtes de bellins
Et que enfans dicy a Salins
N'a myeulx iouans leur tour d'eſcole
Or par l'ordre des <u>Mathelins</u>
Telle ieuneſſe n'eſt pas folle

Si vueil qu'ilz voyſent a l'eſtude
Ou! ches maiſtre Pierre Richer
Le Donnait eſt pour eulx trop rude
Ia ne les y vueil empeſcher
Ilz ſauront (ie l'ayme plus cher)
Aue ſalus, Tibi decus
Sans plus grandes lettres cercher
Touſiours n'ont pas clercs le deſſus

Cecy eſtudient, & puys ho
Plus proce der ie leur deffens
Quant d'entendre le grant Credo
Trop fort il eſt pour telz enfans
Mon long <u>tabart</u> en deux ie fends
Si vueil que la moiĉtie ſ'en vende
Pour leur en achapter des flans
Car Ieuneſſe eſt vng peu friande

Tabart, vne
manteline
de alo.s.

Et vueil quilz ſoient informez

e iiii

En meurs,quoy que coufte bature
Chapperons auront enfoncez
Et les poulces foubz la ceincture
Humbles a toute creature
Difans,hen?quoy?il n'en eft rien
Si diront gens(par aduenture)
Voicy enfans de lieu de bien

Item a mes pouures clergeons
Aufquelz mes tiltres refignay
Beaulx enfans & droictz comme ioncs
Les voyans m'en deffaifinay
Et (fans receuoir)affignay
Seur comme qui l'auroit en paulme
A vng certain iour configné
Sur l'hoftel de Guefdry Guillaume

Quoy que ieunes & efbatans
Soient,en rien ne me defplaift
Dedans vingt,trente,ou quarante ans
Bien autres feront(fi dieu plaift)
Il faict mal qui ne leur complaift
Car fe font beaulx enfans & gents
Fiert, frap- Et qui les bat,ou fiert,fol eft
pe. Car enfans fi deuiennent gens

Les bourses dés dix & huict clercs
Auront,ie m'y vueil employer
Pas ilz ne dorment comme loirs
Qui troys moys sont sans resueiller
   Au fort triste est le sommeiller
Qui faict aifer ieune en ieuneffe
Tant qu'en fin luy faille veiller
Quant repofer deust en vieilleffe

Loirs,
Loutre.

Belle fen
tence.

Si en escripz au collateur
Lettres semblables & pareilles
Or,prient pour leur bienfaicteur ,
Ou qu'on leur tire les oreilles
   Aucunes gens ont grant merueilles
Que tant suys enclin a ces deux
Mais foy que doy,festes & veilles
Oncques ne vy les meres d'eulx

Item,Et a Michault culdoue
Et a fire Charlot taranne
Cent folz:filz demandent prins oue,
Ne leur chaille,ilz viendront de manne
Et vnes bottes de bafanne
Autant empeigne que femelle
Pourueu qu'ilz ne falueront Iehanne

La commu
ne de Paris
ne dit ou,
ne qui ,
mais , oue
& quie.

Et autant vne autre comme elle

Item au feigneur de Grigny
(Au quel iadis laiffay Viceftre)
Ie donne la tour de Billy
Pourueu fe huys n'y a ne feneftre
(Qui foit de bout en tout ceft eftre)
Qu'il mette trefbien tout appoint
Face argent a dextre & a feneftre
Il m'en fault,& il n'en a point

Item a Thibault de la garde
Thibault?Ie ments,il a nom Iehan

Le parifiê
dit parde,
& nõ perde

Que luy donray ie,que ne perde?
(Affez ay perdu tout ceft an
Dieu le vueille pouruoir,Amen)
Le barrillet?par m'ame voyre
Geneuoys eft plus ancien
Et a plus grant nez pour y boire

Item ie donne a Bafanyer
Notaire & greffier criminel
De giroffle plain vng panyer
Prins chez maiftre Iehan de ruel
Tant a Mautainct,tant a Rofnel
Et auec ce don de Giroffle

Seruir de cueur gent & yſnel
Le ſeigneur qui ſert ſainct Criſtofle

    Au quel ceſte ballade donne
Pour ſa dame qui tous biens á
Se amour ainſi ne nous guerdonne
Ie ne m'eſbahys de celá
Car au pas conqueſté celle á
Preſent Rene Roy de Cecille
Ou autant feit (& peu parla)
Qu'onques Hector feit, ne Troile.

Ballade que Villon donna a vng gē
til hōme nouuellement marie, pour
l'enuoyer a ſon eſpouſe par luy con
quiſe a l'eſpee.

AV poict du iour, q̃ l'eſpreuier ſe bat
  Non pas de dueil, mais par noble
    couſtume
Bruyt il demaine, & de ioye ſ'eſbat
Reçoit ſon par, & ſe ioingt a la plume
  Ainſi vous vueil, a ce deſir m'alume
Ioyeuſement, ce qu'aux amans bon ſemble
Sachez qu'amour l'eſcript en ſon volume
Et c'eſt la fin pour quoy ſommes enſēble,

Dame ferez de mon cueur,fans debat
Iufqs mort
Tant que
mort. Entierement iufques mort me confume
Laurier fouef,pour mon droit fe comba:
O Rofier franc,contre toute amertume
tec Raifon ne veult que ie defcouftume
(Et en ce vueil auec elle maffemble)
De vous feruir,mais que m'y acouftume
Et c'eft la fin pour quoy fommes enfemble

Et qui pl⁹ eft,quãt dueil fur moy f'emba
Par fortune qui fouuent fi fe fume
Voftre doulx œil fa malice rabat
Ne plus ne moins q̃ le vent faict la plum
Sume fe-
me.
Sume, prei-
gne, trop
tire du la-
tin. Si ne perds pas la graine que ie fume
En voftre chãp,car le fruict me reffembl
Dieu m'ordonne que ie le face & fume
Et c'eft la fin pour quoy fommes enfembl

Princeffe oyez ce que cy vous refume
Que le myen cueur du vr̃e defaffembl
Ia ne fera,tant de vous en prefume
Et c'eft la fin pour quoy fommes enfembl

(*   Item a fire Iehan perdryer
Riens,n'a Françoys fon fecond frere

Si m'ont ilz voulu aydier
Et de leurs biens faire confrere
Combien que Françoys mon compere
Langues cuysans, flambans & rouges
(Sans commandement, sans priere)
Me recommanda fort a Bourges

Si aille veoir en "Tailleuent
Du chapitre de fricassure
Tout au long derriere & deuant
Lequel n'en parle ius ne sure
Mais Macquaire ie vous asseure
(A tout le poil cuysant vng dyable
Affin que sentist bon larsure)
Ce recipe m'escript sans fable.

"Le Croix du Maine

Ius ne sure
Soubz ne
sus.

Ballade.

EN reagal, en arcenic rocher
En orpigment, en salpestre & chaulx
viue
En plomb boillant (pour myeulx les es-
morcher)
En suif & poix destrampez de laissiue
Faicte d'estronts, & de pissat de Iuifue
En lauaille de iambes a "meseaulx
En raclure de piedz & vieulx houseaulx

"ladres.

En fang d'afpic,telz drogues perilleufes
En fiel de loups,de regnars,& blereaulx
Soient frittes ces langues venimeufes

En ceruelle de chat qui hayt pefcher
Noir,& fi vieil,quil n'ayt dent en genciue
D'ung vieil maftin q vault bien auffi cher
Tout enragé en fa baue & faliue
En l'efcume dune mulle pouffiue
Deft renchee menu a bons cifeaulx
Et eau ou ratz plõgẽt groings & mufeaulx
Raines, crapaulx, telz beftes dangereufe
Serpens,lezars,& telz nobles oyfeaulx,
Soient frittes ces langues venimeufes

En fublimé dangereux a toucher
Et au nombril d'une couleuure viue
En fang qu'on meĉt en poylettes fecher
Ches ces barbiers quant plaine lune arriu
D'ont l'ung eft noir,l'autre pl⁹ vert q̃ ciu
En chancre & fix, & en ces ords cuueaul
Ou nourrices effangent leurs drappeaulx
En petiz baings de filles amoureufes
(Qui ne m'entend,na' fuiuy les bordeaulx
Soient frittes ces langues venimeufes.

Prince paſſez to⁹ ices frians morceau!
Seſtamine n'auez, faz ou bluteaux
Parmy le fons dunes brayes breneuſes
Mais parauant en eſtronts de pourceau!
Soient frittes ces langues venimeuſes

Clement Marot aux Lecteurs

DV temps de Villon(lecteurs)fut tai *
cte vne petite œuure intitulee, Les
dictz de Franc Gontier. la ou la vie
paſtouralle eſt eſtimee : & pour y contre-
dire fut faicte vne autre œuure intitulee,
Les cótredictz Franc Gontier, dont le ſub-
gect eſt prins ſur vng tyrát, & auquel œu
ure la vie de quelque grát ſeigneur dicel-
luy temps eſt taxee: mais Villon plus ſage-
mét, & ſans parler des grans ſeigneurs,
feit dautres contredictz de Franc Gontier,
parlant ſeulement dung Chanoyne, com-
me verrez cy apres.

ITem a maiſtre Andry Courault   *
Les contredictz franc Gontier mande   Franc Gon-
Quant du tyrant ſeant en hault   tier, Le nó
A ceſtuy la rien ne demande.   du berger.
                                 Mande, en-
                                 uoye.

Le fage ne veult que contende
Contre puiffant,pouure homme,las,
Affin que fes filez ne tende
Et qu'il ne trebuche en fes las.

    Gontier ne crains,qui n'a nulz hommes
Et myeulx que moy n'eft herité
Mais en ce debat cy nous fommes
Car il loue fa pouureté
Eftre pouure yuer & efté
A bonheur cela il repute
Ie le tiens a malheureté
Lequel a tort?Or en difcute

Ballade intitulee,Les contrediƈtz de franc Gontier.

SVr mol duuet'affis vng gras chanoyn<
Lez vng brazier en chãbre biẽ natte<
A fon cofte gifant dame Sydoine
Blanche,tendre,pollie,& attaintee
Boire ypocras,a iour & a nuyƈtee,
Rire,iouer,mignonner,& baifer
Et nud a nud(pour myeulx leurs corps ai
   fer)
Les vy to⁹ deux par vng trou de mortaif
Lors ie congneu , que pour dueil appaife

Il n'eſt treſor,que de viure a ſon aiſe

Sy frāc Gontier & ſa cōpaigne Helaine

Euſſent ceſte doulce vie hantee

D'aulx & ciuotz qui cauſent forte alaine

N'en mangeaſſent biſe crouſte frottee

Tout leur <u>mathon</u> ne toute leur potee

Ne priſe vng ail,ie le dy ſans noyſier

S'ilz ſe vantent coucher ſoubz le roſier

Ne vault pas myeulx lict coſtoye de
chaiſe?

Qu'en dictez vous?fault il a ce muſer?

Il n'eſt treſor que de viure a ſon aiſe

De gros pain bis viuēt d'orge & d'auoyne

Et boiuent eau tout au long de l'annee

Tous les oyſeaulx d'icy en Babyloine

A tel eſcot vne ſeule iournee

Ne me tiendroſent,non vne matinee

Or ſ'eſbate(de pardieu)franc Gontier

Helene ò luy ſoubz le bel eſglantier

Si bien leur eſt,n'ay cauſe qu'il me poiſe

Mais quoy qu'il ſoit du laboureux meſtier

Il n'eſt treſor que de viure a ſon aiſe

Prince iugez,pour tous nous accorder

Franc Gon=
tier & He=
laine,ſigni=
fient le paſ
ſtour & la
paſtoure.

Mathon,
laict caille.

Quãt eſt a moy (mais qu'a nul nẽ deplaiſ
Petit enfant i'ay ouy recorder
Quil n'eſt treſor que de viure a ſon aiſe

*   Item pource que ſcait la bible
Ma damoyſelle de bruyeres
Donne preſcher (hors ſeuangile)
A elle & a ſes bacheliers
Pour retraire ces villotieres
Qui ont le bec ſy affilé
Mais que ce ſoit hors cymetieres
Trop bien au marche au filé

Ballade des femmes de Paris

Voy qu'on tient belles langagiere
Geneuoiſes, Veniciennes
Aſſez pour eſtre meſſagieres
Et meſmement les anciennes
Mais ſoient Lombardes, Rommaines
Florentines (a mes perilz)
Pymontoiſes, Sauoyſiennes,
Il n'eſt bon bec que de Paris·

De treſbeau parler tient lon cheres

(Se dit on)Neapolitainnes
Auſſi ſont bonnes caquetieres
Allemandes & Pruciennes
Mais ſoient Grecques,Egyptiennes
De Hongrie ou d'autre pays
Eſpagnolles ou Caſtellannes,
Il n'eſt bon bec que de Paris

    Brettes, Suyſſes,n'y ſauent gueres
Ne Gaſconnes,& Tholouzaṅnes
De petit pont deux harangeres
Les conchiroient,& les Lorraines
Angleſches, ou Callaiſiennes
Ay ie beaucop de lieux compris
Picardes de Valenciennes
Il n'eſt bon bec que de Paris

    Prince aux dames Pariſiennes
De bien parler donnez le pris
Quoy qu'on diē D'italiennes
Il n'eſt bon bec que de Paris

    Regarde m'en deux troys aſſiſes
Sur le bas du ply de leurs robbes
En ces monſtiers,en ces egliſes
                 f ij

Tire t'en pres,& ne t'en hobes
Tu trouueras qu'onques Macrobes
Ne feit d'aussi beaulx iugemens
Entends,quelque chose en desrobes
Ce sont tous bons enseignemens

Item valetz & chamberieres
De bons hostelz(rien ne me nuyst)
Faisans tartres,flans,& goyeres,
Et grant rallyas a mynuyct
Riens ny feront sept pintes ne huict
Tandis que dorment maistre & dame
Puys apres(sans mener grant bruyt)
Ie leur ramentoy le ieu d'asne

Item & a filles de bien
Qui ont peres,meres, & antes,
Par m'ame ie ne donne rien
Car i'ay tout donne aux seruantes
Si fussent ilz de pou contentes
Grant bien leur feissent maintz lopins
Aux pouures filles aduenantes
Qui se perdent aux Iacopins

Par m'ame par mon ame.

Aux Celestins & aux Chartreux

Testament de Villon.

Quoy que vie meinent eſtroitte
Si ont ilz largement entre eulx
Dont pouures filles ont diſette
Teſmoing Iaqueline & Perrette
Et Yſabeau qui dit,Enne.
Puys qu'ilz en ont telle ſouffrette
A peine en ſeroit on damne.

Enne eſt
vng iurõ de
fillez.

Item a la groſſe Margot
Treſdoulce face & pourtraicture
Foy que doy, Brelare Bigod
Aſſez deuote creature
Ie l'ayme de propre nature
Et elle moy,la doulce ſade
Qui la trouuera d'auenture
Qu'on luy liſe ceſte Ballade
Ballade.

Brelare Bi-
god,en An-
gloys,Dieu
& noſtre
Dame,&ap
pert icy que
du têps de
Villõ reſtoit
encore a Pa
ris quelque
mot des An-
gloys qui a-
uoient paſ-
ſe par la.

SI i'ayme & ſers la belle de bon haict
M'en deuez vous tenir a vil ne ſot?
Elle a en ſoy des biens a fin ſouhaict
Pour ſon amour ceings bouclier & paſſot
Quant viennent gens,ie vous happe le pot
Au vin m'enuoys,ſans demener grãt bruyt
Ie leur tends eau, frõmage, pain,& fruict

Ie leur têds
ie leur pre-
ſente.

Que bien
ſtat, q̃ tout
eſt bien, &
eſt tire de
L'italien.
S'ilz payent bien,ie leur dy que bien ſtat
Retournez cy,quant vous ſerez en ruyt
En ce Bourdel,ou tenons noſtre eſtat

    Mais toſt apres il y a grant deſhait
Quãt ſans argẽt ſ'en viẽt coucher Margot
Veoir ne la puys,mon cueur a mort la hait
Sa robbe prens,demy ceinſt & ſurcot
Si luy pmeſts qu'ilz tiendrõt pour l'eſcot
Par les coſtez ſi ſe prend, l'antechriſt
Crie,& iure par la mort Ieſuſchriſt
Que non fera. lors i'empougne vng eſclat
Deſſus le nez luy en fais vng eſcript
En ce Bourdel ou tenons noſtre eſtat

    Puys paix ſe faiſt , & me laſche vng
    gros pet
Plus enflee q̃ung venimeux Scarbot
Le ſommet
le hault de
la teſte.
Riant m'aſſiet le poing ſur le ſommet
Gogo me dit,& me fiert le iambot
Tous deux yures dormõs cõme vng ſaboī
Et aut reſueil,quant le ventre luy bruyt
Monte ſur moy,qu'el ne gaſte ſon fruiſt
Soubz elle geins:pl⁹ q'ũg aiz me fait plat
De paillarder tout elle me deſtruiſt

En ce Bourdel ou tenons noſtre eſtat

Vente,greſle,gelle,i'ay mon pain cuiçt
Ie ſuys paillard, la paillarde me duyt
L'ung vault l'autre,ceſt a mau chat mau rat
Ordure auons,& ordure nous ſuyt
Nous deffuyons honneur,& il nous fuyt
En ce Bourdel ou tenons noſtre eſtat.

Item a Marion Lydolle
Et la grand' Iehanne de Bretaigne
Donne tenir publique eſcole
Ou l'eſcolier le maiſtre enſeigne
Lieu n'eſt ou ce marché ne tiengne
Sinon en la grille de Mehun
De quoy ie dy, fy de l'enſeigne
Puys que l'ouurage eſt ſi commun

*

La grille de
Mehun , la
priſõ ou Vil
lõ fut mys.

Item a Noe le Iolys
Autre choſe ie ne luy donne
Fors plain poing d'oſiers frez cueilliz
En mon iardin,ie l'abandonne
Chaſtoy eſt vne belle aulmoſne
Ame n'en doit eſtre marry
Vnze vingts coups luy en ordone

Chaſtoy
chaſtiemēt.

f iiij

Par les mains de maiſtre Henry

Item ne ſcay qu'a l'hoſtel dieu
Donner, n'aux pouures hoſpitaulx
Bourdes n'ont icy temps ne lieu
Car pouures gens ont aſſez maulx
Chaſcun leur enuoye leurs aulx
Les mendians ont eu mon oye
Au fort ilz en auront les os
A pouures gens menue monnoye

Item ſe donne a mon Barbier
Qui ſe nomme Colin Galerne

Pres voyſin
prochain
voyſin.

Pres voyſin D'angelot l'herbier
Vng gros glaſſon, prins ou ſen Marne
Affin qu'a ſon aiſe ſe yuerne
De l'eſtomach ſe tiengne pres
Se l'yuer ainſi ſe gouuerne
Trop n'aura chault l'eſte dapres

Item rien aux enfans trouuez
Mais les perduz fault que conſole
Qui doiuent eſtre retrouuez
Par droit, chés Marion Lidolle
Vne leçon de mon eſcole
Leur liray qui ne dure guiere

Teſte n'ayent dure ne folle
Mais eſcoutent, c'eſt la derniere

Belle leçon de Villon aux enfans perduz.

Eaulx enfans vous perdez la plus
Belle roſe de vo chappeau
Mes clercs pres prenans côme glus
Se vous allez a Montpippeau
Ou a Rueil, gardez la peau
Car pour ſ'eſbatre en ces deux lieux
(Cuidant que vaulſiſt le r'appeau)
La perdit Colin de cayeux

Cuidât que
vaulſiſt le
rappeau,
Cuidât touſ
iours ſe
ſauluer
pour en ap
peller.

Ce n'eſt point vng ieu de troys mailles
Ou va corps & (peult eſtre) l'ame
Se on perd, rien ny ſont repentailles
Qu'on n'en meure a honte & diffame
Et qui gaigne, na pas a femme
Dido la Royne de Cartage
L'homme eſt donc bien fol & infame
Qui pour ſi pou couche tel gage

Q'ung chaſcun encore m'eſconte
On dit (& il eſt verite)

Charreterie
se boyt tou=
te.

Que charréterie se boyt toute
Au feu lyuer,au boys lesté

Quelque
vin que lon
charroye
(soit bon
soit mau=
uays)se
boyt tout.

Se argent auez,il n'est enté
Mais le despendez tost & viste
Qui en voyez vous herité?
Iamais mal acquest ne profite.

Ballade de bonne doctrine a ceulx de mauuaise vie.

Or soyes,
Ores que tu
soyes.

CAr or soyes porteur de bulles
Pipeur ou hezardeur de dez
Tailleur de faulx coïgs,tu te brusles
Comme ceulx qui sont eschaudez
Trahistres peruers de foy vuydez
Soyes larron,rauis ou pilles
Ou en va l'acquest que cuydez?
Tout aux tauernes & aux filles.

Ryme,raille,cymballe,luttes,
Hante tous autres eshontez
Farce,broille,ioue des flustes
Fainctes,ieux,& moralitez
Faictz en villes & en citez
Gaigne au berlan,au glic,aux quilles,
Ou s'en va tout?Or escoutez

Tout aux tauernes & aux filles.

De telz ordures te reculles
Laboure, fauche champs & prez
Sers & pense cheuaulx & mulles
S'aucunement tu nes lettrez
Assez auras, si prens en grez
Mais si chanure broyes ou tilles
Ne mectz ton labour qu'as ouurez
Tout aux tauernes ou aux filles.

Chausses pourpoinctz & bourreletz
Robes & toutes voz drapilles
(Ains que cessez) vous porterez
Tout aux tauernes & aux filles.

A vous parle compaings de galles
Mal des ames, & bien des corps
Gardez vous bien de ce mau hastes
Qui noircist gens quant ilz sont morts
Escheuez le, c'est mauuays mords
Passez vous en myeulx que pourrez
Et pour dieu soyez tous recors
Q'une foiz viendra que mourrez.

Item ie donne aux quinze vingts

Pluriers
pour singu-
liers, a la
mode antifi-
que.

*

De ce mau
hastes,
De ce mau
uays haste.
Escheuez le
Euitez le,

(Qu'autant vauldroit nommer troys cẽ
De Paris(non pas de Prouins
Car a eulx tenu ne me fens)
Ilz auront(& ie m'y confens)

Aux Inno: (Sans l'eftuy)mes grandes lunettes
cens, Au cy Pour mettre a part aux Innocens
metiere de
fainct Inno Les gens de bien,des defhonneftes.
cent.

Icy ny a ne rys ne ieu
Que leur vault auoir eu cheuanches
N'en grans liétz de paremens geu
N'engloutir vin en graffes panfes
Mener ioye,feftes,& danfes
Et de ce Et de ce preft eftre a toute heure!
preft &c Tantoft faillent telles plaifances
Preft a mou
rir. Et la coulpe fi en demeure

Quant ie confidere ces teftes
Entaffees en ces charniers
Tous furent maiftres des requeftes
Aumoins de la chambre aux deniers
Ou tous furent portepaniers
Autant puys fung que l'autre dire
Car d'euefques ou lanterniers
Ie ny congnoys rien a redire.

Et icelles qui f'enclinoient
Vnes contre autres en leurs vies
Defquelles les vnes regnoient
Des autres craintes & feruies
La les voy toutes aſſouuies
Enfemble en vng tas peſle meſle
Seigneuries leur font rauies
Clerc ne maiſtre ne f'y appelle

Et icelles
fault entẽ
dre icelles
teſtes.

Or font ilz morts, dieu ayt leurs **ames**
Quant eſt des corps, ilz font pourriz
Ayent eſte Seigneurs ou dames
Souef & tendrement nourriz
De creſme, fromentee, ou riz
Leurs os font declinez en pouldre
Auſquelz ne chault d'eſbatz ne riz
Plaiſe au doulx ı ɛ s v s les abſouldre.

Aux treſpaſſez ie fays ce lays,
Et icelluy ie communique
A regents, courts, ſieges, & plaids
Hayneurs dauarice l'inique
Leſquelz pour la choſe publique
Cerchent bien les os & les corps
De dieu & de ſainɛt Dominique

Des lors de
ſterroit on
les corps
pour en fai
re iuſtice.

Soient abfolz quant ilz feront morts

Item rien a Iaquet Cardon
Car ie n'ay rien pour luy honnefte
Non pas qu'il gette a l'abandon
Pour la belle bergeronnette
    S'elle euft le chant Marionnette
Faict par Marion peautarde
Ou de,Ouurez voftre huys Guillemette
Elle allaft bien a la mouftarde.

Enfermes malades.   Item donne aux amans enfermes
Sans le lay maiftre Alain chartier
A leurs cheuetz de pleurs & lermes
Treftout fin plain vng benoiftier
Et vng petit brin defglantier
En tout temps verd pour gouppillon
Pourueu qu'ilz dirent vng pfaultier
Pour l'ame du pouure Villon.

Item a maiftre Iaques Iames
Qui fe tue d'amaffer biens
Donne fiancer tant de femmes
Qu'il vouldra:mais d'efpoufer,riens
Pour qui amaffe il?pour les fiens,

Il ne plainct fors que ſes morceaux.
Ce qui fut aux truyes, ie tiens
Qu'il doit de droit eſtre aux pourceaux.

   Item ſera le Seneſchal
(Qui vne foys paya mes debtes)
En recompenſe, Mareſchal
Pour ferrer oes & canettes
Ie luy enuoye ces ſornettes
Pour ſoy deſennuyer, combien
S'il veult face en des alumettes
De bien chanter ſ'ennuye on bien.

   Item au cheualier du guet
Ie donne deux beaulx petiz pages
Philippot & le gros Marquet
Qui ont ſeruy (d'ont ſont plus ſages)
(La plus partie de leurs aages)
Triſtan preuoſt des mareſchaulx
Helas ſ'ilz ſont caſſez de gaiges
Aller leur fauldra tous deſchaulx

   Item au chapelain ie laiſſe
Ma chappelle a ſimple tonſure
Chargee d'une ſeiche meſſe

Ces ſornet
tes,
Ce preſent
liure.
Combien
Touteſſoiz

Ou il ne fault pas grand'lecture.
   Resigné luy euſſe ma cure
Mais point ne veult de charge de ames
De confeſſer(ce dit)n'a cure
Sinon chambrieres & dames.

   Pour ce que ſcait bien mon entente
Iehan de Calays honnorable homme
Qui ne me vit des ans a trente
Et ne ſcait comment ie me nomme
De tout ce teſtament en ſomme
(S'aucune y a difficulte)
Oſter iuſqu'au rez d'une pomme
Ie luy en donne faculte

   De le gloſer & commenter
De le diffinir ou preeſcrire
Diminuer ou augmenter
De le canceller ou tranſcrire
De ſa main(ne ſceuſt il eſcrire)
Interpreter & donner ſens
A ſon plaiſir,meilleur ou pire
De poinct en poinct ie m'y conſens.

   Et ſaucun d'ont n'ay congnoiſſance

Eſtoit alle de mort a vie
Au dict Calais donne puiſſance
(Affin que l'ordre ſoit ſuyuie
Et mon ordonnance aſſouuie)
Que ceſte aulmoſne ailleurs tranſporte
Sans ſe l'appliquer par enuie
A ſon ame ie m'en raporte

Item i'ordonne a Saincte Auoye
(Et non ailleurs)ma ſepulture
Et affin que chaſcun me voye
Non pas en chair,mais en paincture
Que lon tire ma pourtraicture
Dancre,ſ'il ne couſtoit trop cher
De tumbel,rien,ie n'en ay cure
Car il greueroit le plancher.

La chapelle ſaincte Auoye eſtoit lors, & de noſtre temps eſleuee dun eſtaige.

Item vueil que au tour de ma foſſe
Ce que ſenſuyt(ſans autre hyſtoire)
Soit eſcript en lettre aſſez groſſe,
Et qui n'auroit point deſcriptoire
De charbon ſoit,ou pierre noire
Sans en rien entamer le plaſtre
Au moins ſera de moy memoire
Telle qu'il eſt d'ung bon follaſtre

g i

Cy gist & dort en ce follier
Qu'amour occist de fon raillon
Vng pouure petit efcolier
Iadis nomme Françoys Villon
Onques de terre n'eut fillon
Il donna tout,chafcun le fcet
Table,tretteaulx,pain,corbillon
Gallans dictes en ce verfet.

Rondeau.

REpos eternel donne a cil
Sire, clarte perpetuelle
Qui vaillant plat ny efcuelle
N'eut onques n'ung brin de percil

Il fut rez,chef,barbe,& fourcil,
Comme vng nauet,qu'on racle ou pelle
Repos &c.
Rigueur le tranfmift en exil
Et luy frappa au cul la pelle
Non obftant qu'il deift i'en appelle
Qui n'eft pas terme trop fubtil
Repos &c.
Item ie vueil qu'on fonne a branle
Le gros beffray qui eft de verre

Combien que cueur n'eſt qui ne tremble
Quant de ſonner eſt en ſon erre
Saulue a mainte bonne terre
Le temps paſſe,chaſcun le ſcait,
Fuſſent gensdarmes ou tonnerre
Au ſon de luy tout mal ceſſoit.

 Les ſonneurs auront quatres miches
Si c'eſt trop peu, demy douzaine.
Autant qu'en donnent les plus Riches.
Mais ilz ſeront de ſainct Eſtienne
 Vollant eſt homme de grand'peine
L'ung en ſera (quant Ie y regarde)
Il en viura vne ſepmaine
Et l'autre(au fort)Iehan de la garde

Ilz pour el
les. Miches
de ſainct
Eſtienne,
des pierres

 Pour tout ce fournir & parfaire
J'ordonne mes executeurs
Auſquelz fait bon auoir affaire
Et contentent bien leurs debteurs
Ilz ne ſont pas trop grans venteurs
Et ont bien de quoy, dieu mercys
De ce faict ſeront directeurs.
Eſcry, ie ten nommeray ſix.

C'eſt maiſtre Martin bellefaye
Lieutenant du cas criminel
Qui ſera l'autre? Ie y penſoye
Ce ſera ſire Colombel
Sil luy eſt S'il luy plaiſt, & il luy eſt bel
bel,
Sil luy ſem- Il entreprendra ceſte charge
ble beau. Et l'autre? Michel Iouuenel
Ces troys ſeulz(& pour tous)I'en charge.

    Mais ou cas qu'a moy ſ'excuſaſſent
En redoubtant les premiers frais
Ou totalement recuſaſſent
Ceulx qui ſ'enſuyuent cy apres
Ie inſtitue, gens de bien, tres
Phlippe bruneau noble eſcuyer
Le ſecond, ſon voyſin dempres
Nomme maiſtre Iaques Raguyer.

    Et le tiers, maiſtre Iaques Iames
Troys hommes de bien & d'honneur
Deſirans de ſauluer leurs ames
Doubtans, Et doubtans dieu noſtre ſeigneur
Craignans. Car pluſtoſt ilz mettroient du leur
Que ceſte ordonnance ne baillent
Point n'auront de contrerolleur

A leur bon seul plaisir en taillent.

Des testamens qu'on dit le maistre
De mon faict n'aura quid ne quod
Mais ce sera vng ieune prestre
Qui se nomme Thomas tricot
Voulentiers beusse a son escot
Et qu'il me coustast ma cornette
Sil sceust iouer en vng trippot
Il eust du myen, le trou perrette.

Le trou per
rete, vng
ieu de paul
me a Paris.

Quant au régard du luminaire
Guillaume du ru ie y commectz,
Pour porter les coings du suaire
Aux executeurs le remectz,
Trop plus mal me font qu'onques mais
Panil, cheueulx, barbe, sourcilz,
Mal me va, temps est desormais
Que crie a toutes gens merciz.

Ballade par laquelle Villon crye mercy a chascun.

A Chartreux, & a Celestins
A mendians, & a deuotes
A musars, & cliquepatins

A feruans & filles mignottes
Portans furcotz & iuftes cottes
A cuidereaulx damours tranfiz
Chauffans(fans mefhaing) fauues bottes
Ie crye a toutes gens merciz

A fillettes monftrans tetins
Pour auoir plus largement hoftes
A ribleurs meneurs de hutins
A bafteleurs traynans marmottes
A folz & folles, fotz & fottes
Qui fent vont fifflant cinq & fix
A marmoufetz & mariottes
Ie crye a toutes gens merciz

Sinon aux trahiftres chiens maftins
Qui mont faict manger dures croftes
Et boyre eau maintz foirs & matins
Que ores ie ne crains pas troys crottes
Pour eulx ie feiffe petz & rottes
Voulentiers, fi ne fuffe affis
Au fort, pour euiter riottes
Ie crye a toutes gens merciz

S'on leur froiffoit les quinze coftes

Sans mef-
haing,
A laiffe
Fauues bot
tes,
La belle
chauffeure
dalors.

De bons mailletz,fortz & massis
De plombees,& de telz pelotes
Ie crye a toutes gens merciz

 Icy se clost le testament
Et finist du pouure Villon
Venez a son enterrement
Quant vous orrez le carrillon
Vestuz rouges com vermillon
Car en amours mourut martir
Ce iura il,sur son chaignon
Quant de ce monde voult partir.

Sermët an-
tique,
Côme par
mon chef.

Fin du grant Testament de Villon
Et cômécét autres oeuures de luy.

  Et premierement

Le Quatrain que feit Villon quant
il fut iuge a mourir.

IE suys Françoys(dont ce me poise)
Ne de Paris,empres Ponthoise
Or d'une corde d'une toise
Saura mon col,que mon cul poise

Ceste epigräe est
vente de celle que r-
Fauchet de l'origi-
chenaliers, liur-

g iiij

L'epitaphe en forme de ballade,
que feit Villon pour luy & pour fes
compaignons s'attendãt eſtre pen-
du auec eulx.

FReres humains, qui apres nous viuez
N'ayez les cueurs côtre no⁹ endurciz
Car ſi pitie de nous pouures auez
Dieu en aura pluſtoſt de vous merciz
Vous nous voyez cy attachez, cinq, ſix,
Quant de la chair, que trop auons nourrie
Elle eſt pieça deuoree & pourrie
Et nous les os, deuenõs cendre & pouldre
De noſtre mal perſonne ne s'en rie
Mais priez dieu q̃ to⁹ no⁹ vueille abſouldre

Si freres vous clamons, pas ne deuez
Auoir deſdaing, quoy que fuſmes occiz
Par iuſtice, car vous meſmes ſauez
Que tous hómes n'ont pas bon ſens raſſis
Excuſez nous puys que ſommes tranſis,
Enuers le filz de la vierge Marie
Que ſa grace ne ſoit pour nous tarie
Nous preſeruant de linfernalle fouldre
Nous ſommes morts, ame ne nous harie

Mais priez dieu, q̃ to⁹ no⁹ vueille abſouldre

La pluye nous a buez & lauez
Et le ſoleil deſſechez & noirciz
Pies, corbeaulx, nous ont les yeulx cauez
Et arrache la barbe & les ſourcilz
Iamais nul temps nous ne ſommes raſſis
Puys ça, puys la, comme le vent varie
(A ſon plaiſir) ſans ceſſer nous charie
Pl⁹ becquettez d'oyſeaulx q̃ dez a couldre
Hommes icy n'uſez de mocquerie
Mais priez dieu q̃ to⁹ no⁹ vueille abſouldre

Prince ɪ ᴇ s v s, qui ſur tous ſeigneurie
Garde qu'enfer n'ayt de no⁹ la maiſtrie
A luy n'ayons que faire ne que ſouldre
Ne ſoyez donc de noſtre confrarie.
Mais priez dieu q̃ to⁹ no⁹ vueille abſouldre

Ballade de l'appel de Villon.

Qve vous ſemble de mon appel
Garnier, feis ie ſens, ou follie?
Toute beſte garde ſa pel
Qui la cõtrainct, efforce ou lye

S'elle peut,elle se deslie
Quant doncq par plaisir voluntaire
Chanté me fut ceste homelie
Estoit il lors temps de me taire?

Se fusse des hoirs Hue Capel
Qui fut extraict de boucherie,
On ne m'eust parmy ce drapel
Faict boyre a celle escorcherie
Vous entendez bien ioncherie
Mais quant ceste peine arbitraire
On m'adiugea par tricherie
Estoit il lors temps de me taire?

gaillart nous Ioncherie, est vng mot iargon.

Cuidez vous que soubz mon cappel
Ny eust tant de philosophie
Comme de dire,i'en appel?
Si auoit,ie vous certifie
Combien que point trop ne my fie
Quant on me dit present notaire
Pendu serez,ie vous affie
Estoit il lors temps de me taire?

Prince,si ieusse eu la pepie
Pieça ie fusse ou est Clotaire

Aux champs de bout comme vng eſpie.
Eſtoit il lors temps de me taire?

La requeſte de Villon preſentee a la court de parlement, en for- me de Ballade.

Tous mes cinq ſens, yeulx, orailles, & bouche
   Le nez, & vous le ſenſitif auſſi
Tous mes membres, ou il y a reproche
En ſon endroit, vng chaſcun dye ainſi
   Court ſouueraine, par qui ſommes icy,
Vous-nous auez garde de deſconfire
Or la langue ſeule ne peut ſuffire
A vous rendre ſuffiſantes louanges
Si parlons tous, fille au ſouuerain ſire
Mere des bons, & ſeur des benoiſtz anges

Si parlons tous, ſentē̄d to⁹ les cinq ſenſe

   Cueur fendez vo⁹, ou percez d'une broche
Et ne ſoyez (au moins) plus endurcy
Que au deſert fut la forte biſe roche
D'ont le peuple des Iuifz fut adoulcy
   Fondez larmes, & venez a mercy
Cóme hūble cueur qui tendremēt ſouſpire

Louez la Court, cõioincte au sainct empire
L'heur des Françoys, le cõfort des estrãges
Procreee la sus au ciel empire
Mere des bons,& seur des benoiſtz anges

Il a tresbiẽ faiĉt Pro: creee, quaſ driſſilabe.

    Et vous mes dens,chaſcunne ſi ſ'eſloche
Saillez auant,rendez toutes mercy
Plus haultement,q̃ orgue,trõpe,ne cloche,
Et de maſcher n'ayez ores ſoucy
Conſiderez que ie fuſſe tranſy
Foye,pommon,& rate qui reſpire
Et vous mon corps(ou vil eſtes & pire
  Que ours ne pourceau,qui faiĉt ſon nyd es
    fanges)
Louez la Court, auant qu'il vous empire
Mere des bons,& seur des benoiſtz anges

Il appert q̃ villõ ne fut que banny.

    Prince troys iours ne vueilles m'eſcõdire
Pour moy pouruoir, & aux myens a dieu
    dire
Sans eulx argent ie n'ay icy n'aux change
Court triumphant,fiat,sans me deſdire
Mere des bons,& seur des benoiſtz anges

Le debat du cueur & du corps de Villon en forme de Ballade.

QV'eſt ce que i'oy? ce ſuys ie.qui? ton
cueur
Qui ne tient mais qu'a vng petit
filet
Force n'ay plus,ſuſtance, ne liqueur,
Quant ie te voy retraict ainſi ſeulet
Com pouure chien tappy en recullet
Pourquoy eſt ce?pour ta folle plaiſance.
Que t'en chault il?i'en ay la deſplaiſance
Laiſſe m'en paix.pourquoy?ie y penſeray.
Quant ſera ce? quant ſeray hors d'enfance
Plus ne t'en dy,& ie m'en paſſeray.

Tappy en
recullet Ca⸗
che hôteux
en derriere

Que penſes tu?eſtre homme de valeur.
Tu as trente ans, c'eſt laage d'ung mullet
Eſt ce enfance?Nenny.c'eſt doncq chaleur
Qui te ſaiſiſt. par ou?par le collet.
Rien ne congnoys.ſi fais,mouches en laict
L'ung eſt blanc,l'autre eſt noir,c'eſt la di⸗
ſtance.
Eſt ce doncq tout?que veulx tu que ie tāce?
Si n'eſt aſſez,ie recommenceray

Tu es perdu.ie y mettray resistance
Plus ne t'en dy,& ie m'en passeray

D'ont vient ce mal?il vient de malheur
Quant Saturne me feit mon fardelet

Foleur, fol-
lie.

Cest maulx y mist,ie le croy.cest foleur
Son seigneur es, & te tiens son valet
Voy que Salmon escript en son roulet

Salmõ pour
Salomõ par
sincope.

Homme sage(ce dit il)a puissance
Sur les planetes,& sur leur influence
Ie n'en croy riẽ,tel qu'ilz m'ont faict,seray
Que dis tu dea?certe c'est ma creance
Plus ne t'en dy,& ie m'en passeray

Enuoy

Veulx tu viure?dieu mẽ doint la puissanc
Il te fault,quoy?remors de conscience
Lire sans fin.& en quoy?en science.
Laisse les folz.bien.ie y aduiseray
Or le retiens.i'en ay bien souuenance
N'attends pas tant,que tourne a despla
    sance
Plus ne t'en dy,& ie m'en passeray

La requeste que Villon bailla a monseigneur de Bourbon.

LE myē seigneur, & prince redoubté
Fleuron de Lys, royalle geniture,
Françoys Villō, que trauail a dōpté
A coups orbes, par force de batture
Vous supplie par ceste humble escripture
Que luy faciez quelque gracieux prest
De s'obliger en toutes courts est prest
Si ne doubtes que bien ne vous contente
Sans y auoir dommage ne interest
Vous ny perdrez seulement que l'attente

Marot p. 174. C'
l'Epistre au Roy F
p. 134. 2.

A prince n'a vng denier emprunte
Fors a vous seul vostre humble creature
De six escuz, que luy auez preste
Cela pieça il mist en nourriture
Tout se payera ensemble, c'est droitture
Mais se fera legierement & prest
Car si du gland rencontre la forest
D'entour Patay, & chastaignes ont vente
Paye vous tiens, sans delay ny arrest
Vous ny perdrez seulement que l'attente

Entour Pa‐
tay ny a au‐
cune forest,
& ny vend
on chastai‐
gnes.

Si ie peuſſe vendre de ma ſanté
A vng Lombard vſurier par nature
Faulte d'argent m'a ſi fort enchante
Que i'en prendroys (ce croyie)l'aduenture
   Argent ne pend a gippon ne ceinſture
Beau ſire dieux, ie m'eſbahys que c'eſt
Car deuant moy croix ne ſe comparoiſt
Sinon de boys,ou pierre(que ne mente)
Mais ſe vne foiz la vraye me apparoiſt
Vous n'y perdrez ſeulement que l'attente

   Prince du lys,qui a tout bien complaiſ
Que cuidez vous, commēt il me deſplaiſ
Quant ie ne puys venir a mon entente?
Bien entendez,Aydez moy,ſ'il vous plaiſ
Vous n'y perdrez ſeulement que l'attente

Subſcription de ladiſte requeſte.

Llez lettres,faiſtes vng ſault
   Combien que n'ayez pied ne langu
   Remonſtrez en vouſtre harengue
Que faulte d'argent ſi m'aſſault.

Ballade

TAnt grate cheure que mal gist
Tant va le pot a l'eau qu'il brise
Tant chauffe on le fer qu'il rougist
Tant le maille on, qu'il se debrise   Mailler,
Tant vault l'homme comme on le prise   marteller.
Tant s'esloigne il, qu'il n'en souuient
Tant mauuays est, qu'on le desprise
Tant crie lon Noel, qu'il vient

Tant raille lon, que plus on ne rit
Tant despend on, qu'on n'a chemise
Tant est on franc, que tot se frit
Tant vault tien, que chose promise
Tant ayme on dieu, qu'on suyt l'eglise
Tant donne on, qu'emprunter conuient
Tant tourne vent, qu'il chet en bise
Tant crie lon Noel, qu'il vient

Tant ayme on chien, qu'on le nourrist
Tant court chanson, qu'elle est aprise
Tant garde on fruict, qu'il se pourrist
Tant bat on place, qu'elle est prise
Tant tarde on, qu'on fault a l'emprise

Tant ce haste on,que mal aduient
Tant ambrasse on,que chet la prise
Tant crie lon Noel,qu'il vient

Prince tant vit fol qu'il s'aduise
Tant va il,qu'apres il reuient
Tant le matte on,qu'il se rauise
Tant crie lon Noel,qu'il vient

Autre Ballade

IE congnoys bien mouches en laict
Ie congnoys a la robbe l'homme
Ie congnoys le beau temps du laid
Ie congnoys au pommier la pomme
Ie congnoys l'arbre a veoir la gomme
Ie congnoys quant tout est de mesmes
Ie congnoys qui besongne ou chomme
Ie congnoys tout fors que moymesmes

Ie congnoys pourpoinct au collet
Ie congnoys le moyne a la Gonne
Ie congnoys le maistre au valet
Ie congnoys au voyle la nonne
Ie congnoys quant pipeur Iargonne

Ie congnoys folz nourriz de cresmes
Ie congnoys le vin a la tonne
Ie congnoys tout fors que moymesmes

Ie congnoys cheual & mullet
Ie congnoys leur charge & leur somme
Ie congnoys Bietrix & Bellet
Ie congnoys geĉt qui nombre & somme
Ie congnoys vision de somme
Ie congnoys la faulte des bresmes
Ie congnoys le pouoir de Romme
Ie congnoys tout fors que moymesmes

Vision de
somm d vis
sion qui d
uiēt en s
meslant.

Prince, Ie congnoys tout en somme
Ie congnoys coulorez & blesmes
Ie congnoys mort qui tout consomme
Ie congnoys tout fors que moymesmes

Fin des œuures de Françoys Villon de
Paris, reueues & remises en leur entier par
Clemēt Marot, valet de chambre du Roy:
& furent paracheuees de imprimer le der-
nier iour de Septembre, L'an mil cinq
cens trente & troys.

on 114. 15. 24. 46. 51. 108. et seq. 108. Prof. 1. 3. 6.

www.ingramcontent.com/pod-product-compliance
Lightning Source LLC
Chambersburg PA
CBHW051740090426

42738CB00010B/2345